Verena Krieger · Die Getreideküche

VERENA KRIEGER

DIE GETREIDE KÜCHE

AT VERLAG AARAU · STUTTGART

Fotos:
Evelyn König
Hanspeter König

Genehmigte Lizenzausgabe
für Weltbild-Bücherdienst GmbH, Augsburg

3. Auflage 1987
© 1986
AT Verlag, Aarau/Schweiz
Umschlag: AT Grafik
Grafik auf Seite 13:
WWF Panda Magazin, II/81
Gesamtherstellung: Grafische Betriebe
Aargauer Tagblatt AG, Aarau
Printed in Switzerland

ISBN 3-85502-248-8

Inhalt

Einleitung

Wir leben in einer wunderbaren Welt voller kostbarer Schätze, die Menschen über Jahrtausende hervorgebracht haben und hervorbringen. Es wäre müssig, sie aufzuzählen. Wir alle kennen unser kulturelles Erbe, sind stolz darauf und pflegen es mit viel Ehrfurcht und gebührender Sorgfalt. Einen Schatz aber, vielleicht den grössten und wichtigsten, die Getreidekultur nämlich, behandeln wir – sofern wir überhaupt davon Kenntnis nehmen – mit sträflicher Nachlässigkeit und einem besorgniserregenden Mangel an Einsicht.

Die bedrohte Lebensgemeinschaft

Während Jahrtausenden haben Generationen von Ackerbauern den Sortenreichtum und die Fruchtbarkeit der sieben Getreide verbessert, so dass es heute zahlreiche Kulturformen gibt, die unter den vielfältigsten Bedingungen gedeihen. Vom Weizen allein schätzt man die bestehenden Sorten auf 10 000 bis 12 000. Zudem wurden diese einstigen Gräser immer ausgiebiger. In seiner ursprünglichen Form enthielt zum Beispiel ein ganzer Maiskolben nicht mehr Stärke als ein einziges modernes Maiskorn. «Eine Lebensgemeinschaft» nennt Professor Werner Kollath dieses Zusammenwirken von Mensch und Natur. Er schreibt: «Unter den Getreiden gab es ‹Wild-Gräser›, unter denen der Mensch jene Arten fand, mit denen er die seltsame Lebensgemeinschaft eingegangen ist, mit der wir uns beschäftigen müssen: Kein Getreide bleibt Getreide, wenn der Mensch es nicht pflegt. Es wird wieder zur ‹Wildform›, und wenn der Mensch sich der Gesamtwerte des Getreides entwöhnt, verliert er seine wichtigste Lebens- und Gesundheitsgrundlage.» Heute ist dieses Werk bedroht. Auf der ganzen Welt beherrschen immer weniger, aber hochgezüchtete, chemieabhängige Getreidesorten immer mehr Kulturland. In der Schweiz wurden 1979 auf 89% der Anbaufläche nur noch vier Weizensorten angepflanzt. «Wird ein Bauer gezwungen oder dazu verlockt, statt einen Teil seiner Ernte für die nächste Aussaat aufzusparen, Saatgut auf dem Markt zu kaufen, so isst er den Rest seiner alten Pflanzensorten auf. Innerhalb weniger Monate verzehrt er das genetische Erbe einer mehrtausendjährigen Entwicklung.» (Silvio Bertolami, *Für wen die Saat aufgeht*).

Die grosse Verschwendung

Ebenso gedankenlos geht man heute mit der Ernte um. 1,5 Milliarden Tonnen Getreide sind es, die alljährlich auf den Äckern der ganzen Erde wachsen. Dies wären 3000 Kalorien hochwertiger Nahrung für jeden Erdenbewohner. Nun wird aber mehr als ein Drittel dieses Riesensegens als Viehfutter verwendet. Und Masttiere sind schlechte Futterverwerter: Sie fressen ein Vielfaches an Kalorien und Eiweiss von dem, was sie je in Form von Fleisch, Milch oder Eiern erzeugen können. Noch schlimmer: In reichen Ländern, wo alljährlich Getreideüberschüsse anfallen, wird mehr und

7

mehr deren Umwandlung in Treibstoff für Autos in Erwägung gezogen oder sogar schon praktiziert. Was immer auch die politischen und wirtschaftlichen Mechanismen und Zwänge sein mögen, die zu solchen Massnahmen geführt haben: solange auch nur ein Mensch Hunger leidet, ist es unverantwortlich, Getreide an Tier und Maschine zu vergeuden. Wir müssen alles daransetzen, dies zu ändern. Dazu gehört auch, dass wir weniger Fleisch und wieder mehr Getreide essen.

Die dritte «Getreidesünde»,

die wir tagtäglich begehen, ist die Ausmahlung. Wir essen nicht mehr wie unsere Vorfahren das ganze Korn im Brei, Fladen oder Vollkornbrot, sondern nur noch den feinen weissen Mehlkern, der seiner vitamin-, mineralstoff-, eiweiss- und ballaststoffreichen Schale beraubt wurde. Würden wir wieder mehr volles Korn essen und dafür weniger tierisches Eiweiss und Fett und weniger leere Kalorien in Weissmehl und Fabrikzucker, so würden die grossen Gesundheitsprobleme unserer Zeit – von der Karies bis zum Krebs – von selbst zurückgehen. Das ist eine wissenschaftliche Tatsache, die nicht mehr wirksam angefochten werden kann.

Jeden Tag ein Vollkorngericht

Versuchen Sie es. In jahrelanger Erfahrung mit dem Getreidekochen haben sich in meiner Küche Methoden eingespielt, die ich mit diesem Buch weitergebe und die es auch Ihnen leichtmachen werden, täglich Vollkorn auf den Tisch zu bringen. Ich koche immer einen grossen Topf mit Körnern oder Schrot und brauche diesen allmählich in den verschiedensten Gerichten auf. Wie es genau gemacht wird, ist in den Kapiteln «Unser täglich Korn» und «Wenn das Korn gekocht ist...» beschrieben. Die übrigen Kapitel sollen Ihnen die einzelnen Getreide näherbringen, sei es durch die Gerichte, die sich wahrhaftig aus allen Winkeln der Welt in diesem Buch zusammengefunden haben, sei es durch ihre Geschichte als Begleiter des Menschen.

Februar 1986   *Verena Krieger*

8

Zu den Rezepten

Sie sollen vor allem schmecken. Da Geschmäcker aber bekanntlich verschieden sind, finden die einen fade, was für andere schon zu scharf oder zu würzig ist.
Deshalb sind die Gewürz- und Salzangaben eher zurückhaltend bemessen. Es ist leichter hinzuzufügen, als wegzunehmen. Passen Sie also die Mengen Ihrem Geschmack an, und scheuen Sie sich nicht, hie und da mit Ihrem Lieblingsgewürz, wie Sojasauce, Tabascosauce, Cayennepfeffer oder Kräutersalz, abzuschmecken.

Wo nichts anderes angegeben ist, sind die Rezepte für vier mittelgrosse Portionen berechnet.

Massangaben

EL = Esslöffel (gestrichen)
TL = Teelöffel (gestrichen)
Pr. = Prise
l = Liter
g = Gramm
1 dl = ¹⁄₁₀ Liter

1 Tasse à 2,5 dl entspricht:

200 g gekochtem Getreide
200 g ungekochtem Getreide
150 g Mehl, Schrot oder Griess
100 g Flocken

	gestrichen voll kleine Tasse	große Tasse
Weizen	120 g	220 g
Gerste	120 g	220 g
Roggen		
Hirse	120–130 g	220 g
Vollkorn-flocken	60 g	120 g
Grünkern	110 g	210 g
Naturreis (Langkorn)	120 g	220 g
Hafer	130 g	220 g
Sesam	90 g	
Leinsamen	90 g	170 g

9

ALS ERSTE REIFT DIE GERSTE

«Einmal kam ein Mann von
Baal-Schalischa und brachte dem
Gottesmann Brot
von Erstlingsfrüchten, zwanzig
Gerstenbrote, und frische Körner
in einem Beutel.»

2. Könige 4,42

Gerstenähren, Gerstenkörner

m Land herrschte eine Hungersnot, und Elischa gab das Brot 100 Männern, «und sie assen und liessen noch übrig, wie der Herr gesagt hatte». Bevor die alten Israeliten jeweils mit der Ernte beginnen konnten, mussten sie einen kleinen Teil von einem Baum oder einem Acker dem Priester als Erstlingsfrüchte darbringen. Da die Gerste von allen Getreiden als erste reift, bedeuteten die 20 Gerstenbrote und die Speisung der 100 wohl das Ende der Hungersnot und den Anfang der Ernte. Auch die Speisung der 5000 im Neuen Testament geschah mit fünf Gerstenbroten.

Reichtum und Besitz

In der Antike versinnbildlichte die Gerste Reichtum und Besitz. Die Sumerer benützten sie als Masseinheit und die Babylonier als Währung. Die ältesten Münzen Israels zieren drei Gerstenähren, die vom modernen Israel übernommen wurden. Gerste erscheint auch auf griechischen und römischen Münzen. Sie war das Lieblingsgetreide der alten Griechen. Sie halte den Geist wach, sagten sie, und der Arzt Diokles empfahl seinen Zeitgenossen, jeden Morgen einen Brei aus Gerstenschrot zu essen, wenn ihnen an ihrer Gesundheit gelegen sei.

Ostwärts, in China, nährte Gerste Mensch und Tier schon vor 5000 Jahren, und im kargen Tibet klettert ihr Anbau auf fast 5000 Meter Höhe und dient Nomaden und wandernden Mönchen in Form von geröstetem Gerstenmehl, «Tsampa», als Überlebensnahrung.

Gerste im Glas

Die Engländer haben ihrem «barley» ein besonderes Denkmal gesetzt. Sie schufen den Sir John Barleycorn, der jedes Jahr stirbt und aufersteht und heute noch vom ländlichen Innkeeper (Gastwirt) verkörpert wird. Denn wie kein anderes Getreide wird Gerste seit altersher auch getrunken. Keimende Gerstenkörner bilden aus der Stärke das süsse, in der Bierbrauerei unentbehrliche Malz. Zwar können auch andere Getreide gemälzt werden, aber bei der Gerste vollzieht sich dieser Vorgang am schnellstens und ausgiebigsten.

Bier ist so alt wie Brot und war bis vor wenigen Jahrhunderten ein wichtiges Volksnahrungsmittel, das auch von Kindern getrunken wurde. Damals enthielt es weniger Alkohol als unsere modernen «Blonden», «Lager» und «Spezial» und hatte einen hohen Nährwert. Gemälzt und geröstet ist Gerste auch ein gesunder Kaffee-Ersatz. Ein ähnliches Getränk kennen die Japaner. Aus gerösteten Gerstenkörnern brauen sie einen Tee, der vor allem im feuchtheissen Sommer eisgekühlt erfrischt. Im Lande des John Barleycorn lindert das «Barleywater» (Gerstenwasser) fast alle Unpässlichkeiten. Es ist ein bewährtes und erst noch recht schmackhaftes Hausmittel bei Grippe und Erkältungen, denn der «Schleim» der Gerste beruhigt gereizte Schleimhäute in Hals, Magen und Darm.

Nacktgerste und Spelzgerste

Gerste ist, zusammen mit Weizen, das älteste Kulturgetreide. Während Jahrtausenden wurde vorwiegend die Nacktgerste angebaut, weil diese unverarbeitet von den Menschen verzehrt werden konnte. Die frisch geernteten Körner wurden oft sogar roh gegessen («... und brachte frische Körner in einem Beutel»). Einmal ausgereift und getrocknet, wurde sie geröstet oder zu Flachbrot gebacken.

Die in der Schweiz früher verbreitete «Walsergerste» ist eine Nacktgerste. Da heute ein grosser Teil der Gerstenproduktion gemälzt wird und da Nacktgerste dafür ungeeignet ist, wird fast nur noch Spelzgerste angebaut. Diese aber hat den Nachteil, dass sich die ungeniessbare, harte Spelzschicht nur schwer vom inneren Kern löst. Spelzgerste muss deshalb für den menschlichen Verzehr mit Metallmühlen stark geschält (poliert) werden. So behandelt, ist sie als Roll- oder Perlgerste erhältlich. Rollgerste ist aber doch noch mineralstoffreicher als ein ent-

sprechend behandeltes Weizenkorn, da der Mehlkern der Gerste von Natur aus mehr Mineralstoffe enthält. Im Bio-Handel sind weniger radikal geschälte Gerstenkörner erhältlich. Hie und da findet man sogar ganze Gerstenkörner, die man als Grauben oder Graupen bezeichnet und die sich zum Keimen und Mahlen, weniger gut aber zum Kochen eignen.

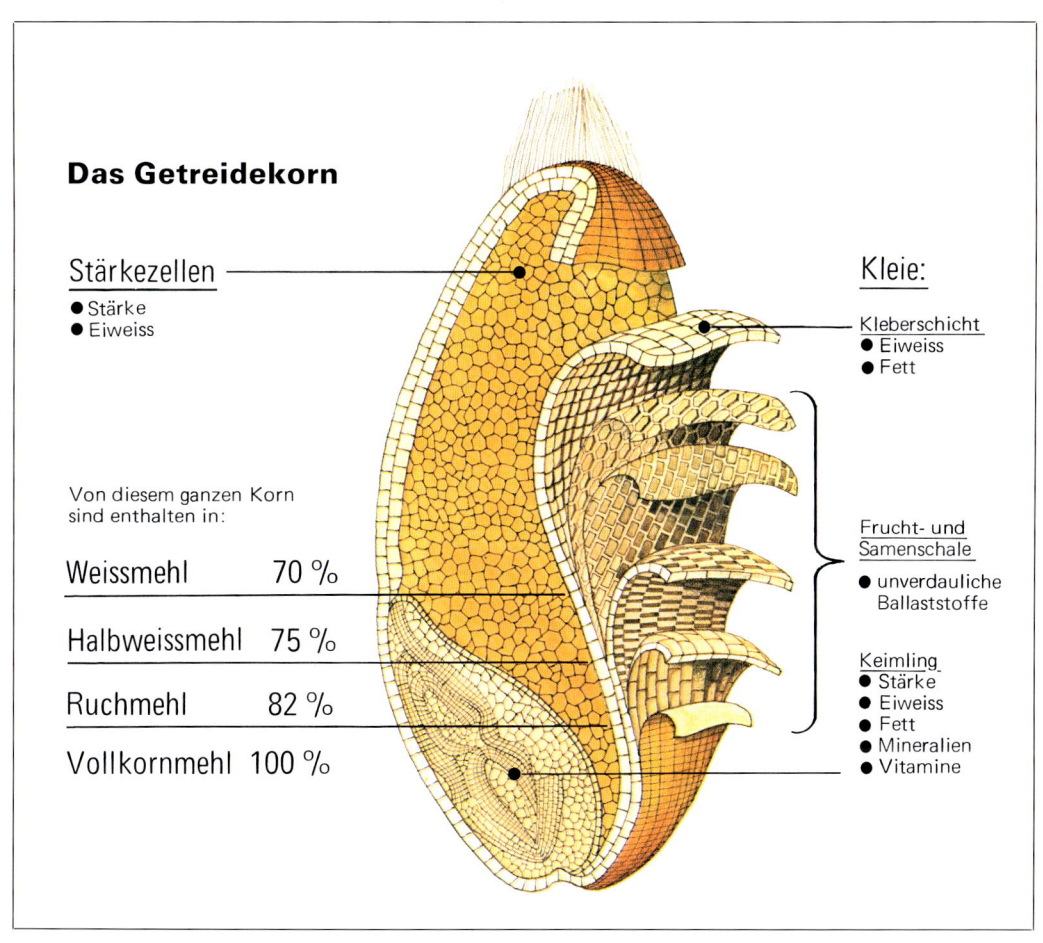

Das Getreidekorn

Stärkezellen
● Stärke
● Eiweiss

Kleie:

Kleberschicht
● Eiweiss
● Fett

Von diesem ganzen Korn sind enthalten in:

Weissmehl 70 %

Halbweissmehl 75 %

Ruchmehl 82 %

Vollkornmehl 100 %

Frucht- und Samenschale
● unverdauliche Ballaststoffe

Keimling
● Stärke
● Eiweiss
● Fett
● Mineralien
● Vitamine

Grundrezept für Gerste

8 Portionen

400 g «Bio-Gerste»
(Gerstenkörner, die
weniger geschält sind
als Rollgerste)
9 dl Wasser
1 Pr. Salz

Die Gerste waschen und
wenn möglich ein paar
Stunden oder über
Nacht einweichen.
Salzen. Zugedeckt im
Einweichwasser 1 bis 2
Stunden köcheln und 30
Minuten quellen lassen.
Oder alle Zutaten im
Dampfkochtopf 45
Minuten unter Druck
kochen. Hitze
ausschalten, den Druck
herunterkommen lassen
und 15 bis 30 Minuten
quellen lassen.
Rollgerste braucht eine
weniger lange Kochzeit
und muss nicht
eingeweicht werden.

Gerstensuppe

«Schoppa da giotta»
(Bündner Gerstensuppe)
«Graupensuppe», «Scotch
Broth» oder «Krupnik»
sind alles Abwandlungen
von diesem klassischen
Suppenrezept.

60 g Gerstenkörner
1½ l Wasser
Salz oder Würzexktrakt
1 Zweiglein Thymian
Muskat
1 Karotte
1 Stück Sellerie
1 Lauch
Suppenkräuter, fein gehackt
25 g Butter, nach Belieben

Die Gerste über Nacht oder
ein paar Stunden im Wasser
einweichen. Zum Kochen
bringen und 1½ Stunden
zugedeckt köcheln lassen.
Salzen und würzen. Das
Gemüse kleinschneiden
und ½ Stunde mitkochen.
Den Thymianzweig
entfernen. Nach Belieben
Butter in Flocken beigeben
und mit frischen Kräutern
bestreut servieren.

**«Krupnik», die polnische
Variante:** Wir fügen mit
dem Gemüse getrocknete
und eingeweichte Pilze bei
und servieren die fertige
Suppe mit Sauerrahm oder
saurem Halbrahm und
feingehacktem Dillkraut.
(Siehe auch Anmerkung
unter «Barleywater»,
Seite 19)

Salbeimäuschen

Dieses traditionelle Rezept
schmeckt besonders gut mit
Gerstenmehl.

1 Ei, getrennt
gut 1 dl Bier oder Wasser
1 Pr. Salz
75 g Gerstenmehl
20–30 schöne, frische
  Salbeiblätter
Öl zum Fritieren

Eigelb, Flüssigkeit und Salz
verrühren. Das Mehl
beigeben und ½ Stunde
kaltstellen. Die Salbeiblätter
waschen und abtrocknen.
Das Eiweiss steifschlagen
und sorgfältig unter den
Teig heben. Das Öl
erhitzen. Die Blätter am
Stiel in den Teig tauchen
und goldbraun backen. Auf
Küchenpapier abtropfen
lassen. Zum Apéro, als
Vorspeise oder als delikate
Beilage zu einfachen
Gerichten reichen. Am
Tisch nach Belieben mit
Kräutersalz bestreuen oder
mit Zitronensaft beträufeln.
Salbeimäuschen können
auch süss mit Zimt und
Vollrohrzucker bestreut
gegessen werden.

Seite 15
Salbeimäuschen

14

Gerstensalat vier Jahreszeiten

1 TL Senf
1 EL Milch oder Rahm
Pfeffer
Salz
6 EL Öl
2 EL Zitronensaft
1 Zwiebel, fein gehackt
2 EL Petersilie, fein gehackt
1 Zweiglein frischer
   Estragon, fein gehackt
   oder ¼ TL getrockneter
   Estragon
1 Tasse (à 2,5 dl) Gemüse
   der Saison, in kleinen
   Stücken, z. B. Peperoni
   (Paprika), Gurken,
   Zucchetti in Würfeln oder
   kleine Blumenkohl- oder
   Broccoliröschen, fein
   geschnittener Chinakohl
   usw.
3 EL Sonnenblumenkerne
100 g Champignons, in
   Würfel geschnitten
1 EL Sojasauce
400 g schon gekochte
   Gerstenkörner, nach
   Grundrezept zubereitet

Die ersten 6 Zutaten zu einer sämigen Salatsauce verrühren. Zwiebel, Kräuter und Saisongemüse beifügen. Die Sonnenblumenkerne in einer Bratpfanne ohne Öl

Seite 16/17
Ursis Gerstenring

hellbraun rösten, erkalten lassen und zur Sauce geben. Die Champignons in wenig Butter oder Öl glasig braten und mit der Sojasauce ablöschen. Mit der Gerste zur Sauce geben und alles gut mischen.
Dieser Salat kann Hauptgericht oder Beilage sein. Am besten schmeckt er, wenn er mit frischgekochter, noch warmer Gerste angerührt wird. Gereicht wird er zimmerwarm oder aus dem Kühlschrank.

Gersten-Peperonata

2 EL Olivenöl
1 Knoblauchzehe,
   fein gehackt
1 Zwiebel, fein gehackt
1 Peperoncini (BRD:
   Pfefferschote) fein
   geschnitten
2 Peperoni (BRD: Paprika)
   in mundgerechte Stücke
   geschnitten
4 Tomaten, geachtelt
Salbei, frisch oder
   getrocknet
Thymian
Salz
600 g schon gekochte
   Gerstenkörner, nach
   Grundrezept zubereitet

Knoblauch, Peperoncini, Zwiebel und Peperoni im Öl glasig braten. Tomaten zugeben und mitkochen, bis

sie Wasser ziehen. Gewürze, Salz und Gerste dazumischen. Zugedeckt bei kleinem Feuer 10 Minuten garen.
Mit Reibkäse lagenweise anrichten oder mit Schafkäse oder einer Joghurtsauce als leichte Sommermahlzeit servieren.

Ursis Gerstenring

(Bild Seite 16/17)
6–8 Portionen

Ein Getreidegericht für einen Festschmaus.

250 g Gerstenschrot
100 g Weizenschrot
2 TL Curry
9 dl Gemüsebouillon
Sesam
1 Zwiebel, fein gehackt
30 g Butter
3 Eier, getrennt
150 g Käse, gerieben
Muskat

Schrot und Curry in einem Topf rösten, bis sie würzig duften. Etwas abkühlen lassen. Die Bouillon beigeben und unter Rühren aufkochen. 5 Minuten köcheln und auf der ausgeschalteten Herdplatte 20 Minuten nachquellen lassen. Eine Ringform gut einfetten und mit Sesam ausstreuen. Zwiebel, Butter, Eigelb, Käse und Muskat unter das Getreide mischen. Am Schluss das steifgeschlagene Eiweiss unter die Masse heben. In die Ringform füllen. Bei 200° ca. 45 Minuten backen. Stehen lassen, stürzen und mit einem Pilzragout oder gedämpftem Saisongemüse füllen.

Anns Gersten-Apfel-Brei

Könnte die Lieblingsspeise Ihrer Kinder werden.

200 g Gerstenschrot
4 dl Wasser
4 dl Milch
1 Pr. Salz
2 EL Zuckerrübensirup, Vollrohrzucker, Birnen- dicksaft oder Honig
400 g Äpfel

Wenn möglich das Schrot ½ Stunde oder länger einweichen. Die Milch zugeben, zum Kochen bringen und 10 bis 15 Minuten köcheln lassen. Salz, Süssmittel und Zitronenschale einrühren und zugedeckt quellen lassen. Inzwischen die Äpfel reiben und unter das Schrot mischen. Warm oder kalt mit Zimt und eventuell Milch oder etwas Rahm servieren.

Barleywater

(Gerstenwasser)

60 g Gerstenkörner
1½ l Wasser
gut 1 dl Rotwein oder Süssmost
2–3 EL Honig oder Vollrohrzucker
Saft von ½ Zitrone

Die Gerste wenn möglich über Nacht oder ein paar Stunden im Wasser einweichen. Zum Kochen bringen und ca. 1½ Stunden zugedeckt köcheln lassen. Absieben und dabei die Gerste im Sieb leicht auspressen. Die übrigen Zutaten zur Flüssigkeit mischen. «Barleywater» im Winter heiss als eine Art Punsch und im Sommer kühl trinken. Die Körnerrückstände entweder zum Eindicken einer Gemüsesuppe verwenden oder als billige, aber wohltuende Gesichtsmaske. *Anmerkung:* Um die lange Kochzeit voll zu nützen, kann man «Barleywater» und Gerstensuppe zusammen kochen. Wir nehmen 120 g Gerste und 3 Liter Wasser. Nach 1½ Stunden Kochzeit sieben wir 9 dl Wasser ab und geben Fruchtsaft und Süssmittel dazu. Die zurückbleibende Suppe bereiten wir wie oben zu. Sie wird etwas dicker als im Originalrezept.

Barleynektar

3 Teile Barleywater
1 Teil Orangensaft, wenn möglich frisch gepresst

Vermischen. Kalt servieren. Schmeckt herrlich!

Bibelbrot

Einfach und schnell zubereitet, wenn einmal unerwartet das Brot ausgeht. In biblischer Zeit wurden diese Fladen auf heissen Steinen gebacken. Gerstenbrot war immer Brot ohne Hefe.

300 g Gerstenmehl
1 TL Salz
2 EL Olivenöl
2 dl Wasser

Mehl, Salz und Öl mischen. Das Wasser nach und nach mit einer Gabel dazurühren, bis ein eher klebriger Teig entsteht. Etwas kneten und dann etwa ¼ Stunde ruhen lassen. 4 Kugeln formen. Diese plattdrücken und 3 mm dick auswallen. Die Fladen in einer schweren, wenn möglich eisernen Bratpfanne ohne Fettzugabe bei mittlerer bis guter Hitze beidseitig bräunen. Bibelbrot passt warm oder abgekühlt zu allem.

WEIZEN DAS KORN DER HERREN

«Im alten Rom assen die Herren Weizen, die Sklaven Gerste. Bei mir ist der Weizen ein Sonntagsgericht.»

Max Grell,
«Anders essen – anders leben», 1982.

Ähren: Dinkel, Emmer (mit Grannen), Weizen
Körner: Grünkern, Dinkel, Weizen
Weizenprodukte: Pil-Pil, Vollkorngriess,
Vollkornmehl

Weizen statt Sonntagsbraten? Bei diesem Gedanken rümpfen die meisten Zeitgenossen die Nase. Dem war aber nicht immer so. Die römischen Legionäre haben gemurrt, wenn ihnen auf ihren Feldzügen das Korn ausging und sie Fleisch essen mussten.

Vom Einkorn zum «Weizen als Waffe»

Der Vorläufer von Weizen, das Einkorn, wächst wild in Kleinasien und wurde schon vor über 10 000 Jahren kultiviert. Aus einer Kreuzung von Einkorn und einem Gras entstand wilder Emmer, der um 6000 vor unserer Zeitrechnung zu Brotweizen herangezüchtet wurde. Einkorn, Emmer und Weizen verbreiteten sich schon in vorrömischer Zeit über den ganzen Mittelmeerraum und über Mitteleuropa bis nach Skandinavien. «hwaiteis», «hveite» oder «weizzi», «weisses Korn» nämlich, nannten die Germanen den Weizen, aber viel hatten sie nie von diesem anspruchsvollen Getreide. Erst seit dem Mittelalter nimmt der Weizenanbau nördlich der Alpen kontinuierlich zu. Diese Entwicklung wurde in jüngster Zeit durch die Agrartechnologie, die sich allzuleicht über naturgegebene Schranken hinwegsetzt, stark gefördert. Sie ging einher mit der zunehmenden Beliebtheit von Brot (statt Brei oder Fladen) und leider vor allem von Weissbrot. Weizen enthält sehr viel Kleber, also Weizeneiweiss, welcher den gekneteten Teig geschmeidig macht und das Brot leicht und luftig werden lässt. Deshalb ist Brotweizen neben dem Reis zum wichtigsten Getreide der Welt geworden.

Da die grossen Weizenüberschüsse vor allem in den reichen Ländern anfallen, wird mit Weizen auch Politik gemacht. Mit «Weizen als Waffe» werden Regierungen armer Länder in die Knie gezwungen. Weizen ist immer noch das Korn der Herren.

Der letzte Emmer

Moderne Hochleistungssorten von Weizen haben ihre eigenen Ahnen und Verwandten, das Einkorn, den Emmer und den Dinkel, von den Feldern vertrieben. Der Emmer war in der Schweiz jahrhundertelang im Flachland vertreten. Nur durch Zufall wurde sein Anbau vor dem endgültigen Erlöschen bewahrt. Die letzten Emmerkörner, vermischt mit Mäusedreck, wurden 1952 bei einem Bauern im Kanton Baselland gefunden und zusammengewischt. Sie waren noch keimfähig. Seither ist diese genetisch wertvolle Kulturpflanze vermehrt worden und wird hoffentlich eines Tages auch wieder im Handel erhältlich sein. Mehr und mehr wird die Bedeutung fast vergessener Landsorten erkannt und in die züchterische Forschung miteinbezogen.

Dinkel, das Korn der Alemannen

Etwas besser konnte sich der Dinkel im erbarmungslosen Wettkampf um Hektarerträge behaupten, nicht weil er den Agrarexperten gegenüber gefügiger wäre. Dazu ist er «zu intelligent», wie dies ein Dinkelfachmann formulierte. Nein, Dinkel wächst auch noch in Höhenlagen und Randgebieten, wo rein profitorientierter Weizenanbau unrentabel ist. Dinkel, Spelz, Korn oder Kernen ist das Getreide der Alemannen. Überschreitet man die Grenzen des deutschschweizerisch-schwäbischen Raumes, so hört auch der Dinkelanbau auf. Da Getreide in früheren Zeiten wichtiges Zahlungsmittel, insbesondere von Steuern und Zehnten war, hat sich ein Getreideforscher die Mühe genommen, in den alemannischen Grenzgemeinden alte Zahlungsurkunden auf die Erwähnung von Dinkel hin zu untersuchen, und hat damit sein Verbreitungsgebiet genau abstecken können.

Allerdings kennen die wenigsten modernen Alemannen den Dinkel noch, nicht einmal mehr dem Namen nach. Doch dies scheint sich langsam zu ändern. Wenn es so etwas wie ein «Bio-Getreide» gibt, dann ist es sicher der Dinkel. Er ist robust und anspruchslos und für den biologischen Landbau ertragssicherer als der Weizen. Ernährungsphysiologisch steht er sogar noch besser da. Wegen seines hohen Magnesiumgehalts wird er manchmal Magnesiumweizen genannt. Wie der Emmer ergibt auch der Dinkel ein feines Brot und eignet sich dank seiner leicht gelblichen Farbe besonders gut für Eier-Mehlspeisen, wie Omeletten, Knöpfli und Spätzle.

Der Grünkern

Das wohl erlesenste europäische Getreide, der Grünkern, ist aus der Not und dem Zufall geboren. Dinkel, der wegen schlechter Wettervorhersagen unreif geerntet und über dem Holzfeuer getrocknet werden musste, entwickelte ein so feines Aroma, dass aus der Grünkernherstellung ein kleiner Industriezweig entstand. Der Dinkel muss in einem bestimmten, nur wenige Stunden dauernden Stadium, der Milchreife, geerntet werden, wenn das Korn noch weich ist und beim Zerquetschen ein milchiger Saft austritt. Nachher wird er gedarrt, heute allerdings nur noch selten über dem Holzfeuer. Das Grünkernaroma wird von der Nahrungsmittelindustrie für Suppen und Würzen eingesetzt.

Weizenprodukte

Neben dem Brotweizen gibt es moderne Hart- oder Durumweizensorten, die für die Herstellung von Teigwaren und Griess bestimmt sind. Im Mittleren Osten wird Weizen durch Dämpfen und Schroten zu Pil-Pil und Bulgur verarbeitet und als Brei oder Salat gegessen. Auch Couscous, der Brei Nordafrikas, wird oft aus Weizen (statt Hirse) hergestellt. Diese Produkte haben für die moderne Getreideküche den Vorteil, dass sie wie Fertiggerichte schnell gekocht und trotzdem gesund sind. Sie sind alle in Vollkornqualität erhältlich.

Grundrezept für Weizen

8 Portionen

400 g Weizenkörner
1 l Wasser
1 Pr. Salz

Den Weizen waschen und mindestens 5 Stunden oder über Nacht einweichen. Salzen. Zugedeckt im Einweichwasser 1½ bis 2 Stunden köcheln und 30 Minuten quellen lassen. *Oder* alle Zutaten im Dampfkochtopf 1 Stunde unter Druck kochen. Hitze ausschalten, den Druck herunterkommen lassen und 15 bis 30 Minuten quellen lassen.

Grundrezept für Dinkel

8 Portionen

400 g Dinkelkörner
9 dl Wasser
1 Pr. Salz

Den Dinkel waschen und 3 Stunden oder über Nacht einweichen. Salzen. Zugedeckt im Einweichwasser 1 bis 1½ Stunden köcheln und 30 Minuten quellen lassen. *Oder* alle Zutaten im Dampfkochtopf 45 Minuten unter Druck kochen. Hitze ausschalten, den Druck herunterkommen lassen und 15 bis 30 Minuten quellen lassen.

Grundrezept für Grünkern

4 Portionen

200 g Grünkern, ganz
5 dl Wasser
1 Pr. Salz

Den Grünkern wenn möglich ein paar Stunden oder über Nacht einweichen. Salzen. Zugedeckt im Einweichwasser ½ bis 1 Stunde kochen und 10 Minuten quellen lassen. *Oder* alle Zutaten im Dampfkochtopf 25 Minuten unter Druck kochen. Hitze ausschalten, den Druck herunterkommen lassen und 10 Minuten quellen lassen.

Grünkern-cremesuppe

Butter oder Öl
1 kleine Zwiebel, fein
  gehackt
100 g Grünkernmehl
1 l Wasser
1 EL Gemüsebouillon
1 Lorbeerblatt
1 Zweiglein Thymian
1 EL Weisswein
etwas Pfeffer
1 dl Rahm oder Kaffeerahm

Die Zwiebel in einem Topf in Butter oder Öl anziehen. Das Grünkernmehl dazurühren, dann mit dem Wasser ablöschen. Zum Kochen bringen und würzen. Mindestens 15 Minuten leise köcheln lassen.
Wenn die Suppe zu sehr eindickt, mit mehr Wasser verdünnen. Am Schluss den Rahm einrühren und mit frischen Kräutern servieren.

Tabouli

(Bulgursalat)
(Bild Seite 26/27)

Ein klassisches Rezept aus dem Vorderen Orient mit viel frischen Kräutern. Etwas Besonderes!

200 g Bulgur, Pil-Pil oder
  Weizen*- oder
  Dinkelschrot*
5 dl kochendes Wasser
1–2 TL Salz

24

6 EL Olivenöl
2 EL Zitronensaft oder
    Essig
1 Zwiebel, fein gehackt
1 Knoblauchzehe,
    ausgepresst
je ½ Sträusschen Dill,
    Petersilie, Schnittlauch
    und Pfefferminzblätter
1 Peperoni (BRD: Paprika),
    in feine Streifen
    geschnitten
1 kleine Gurke, in kleine
    Würfel geschnitten
1–2 Tomaten, in Würfel
    geschnitten
Schwarze Oliven
Fetakäse oder würziger
    Schaf- oder Ziegenkäse

Den Bulgur mit dem
kochenden Wasser
übergiessen und zugedeckt
15 Minuten quellen lassen.
Salz, Olivenöl und Zitrone
zu einer Sauce verrühren.
Die übrigen Zutaten, ausser
Oliven und Käse, sowie den
Bulgur dazugeben und gut
mischen. Mit Oliven und
Käse reichlich garnieren.

---

* Wenn Bulgur oder Pil-Pil
nicht erhältlich sind, kann
Weizen- oder Dinkelschrot
verwendet werden. Am
besten eignet sich gedarrtes
Schrot. Sonst das Schrot in
einer schweren Pfanne bei
kleiner Hitze langsam
rösten, bis es angenehm
duftet. Vom Feuer nehmen,
in das kochende Wasser
einrühren und zugedeckt 30
Minuten quellen lassen.

Sonntagskorn

200 g Weizenkörner
6 dl Wasser
1 EL Gemüsebouillon
1 Zwiebel, fein gehackt
3 Lauchstengel, in feine
    Streifen geschnitten
etwas Majoran und
    Thymian, frisch oder
    getrocknet
100 g geriebener Käse

Den Weizen am Vorabend
einweichen. Am nächsten
Tag 1 Stunde sanft kochen
(im Dampfkochtopf
30 Minuten). Gemüse,
Bouillon und Kräuter
dazumischen und kochen,
bis der Lauch gar ist. Vom
Feuer nehmen und noch
ca. 5 Minuten zugedeckt
ziehen lassen. Den Käse
sorgfältig darunterziehen
und sofort servieren.

Schwabenspätzle

Sie sind nur echt, wenn sie
aus Dinkelmehl zubereitet
sind.

300 g feines Dinkelmehl
1 TL Salz
2 Eier, verquirlt
2 dl Wasser
2–3 l Salzwasser

Mehl und Salz in einer
Schüssel vermischen. Eine
Mulde formen und Eier und
Wasser hineingeben. Mit
einer Holzkelle zu einem

Teig verrühren und diesen
ein paar Minuten klopfen.
½ Stunde ruhen lassen. Den
Teig portionenweise auf ein
nasses Holzbrettchen
streichen und dieses über
das kochende Salzwasser
halten. Feine Teigstreifen
ins Wasser schneiden. Das
Messer oft eintauchen.
Wenn aller Teig
aufgebraucht ist, noch
5 Minuten ziehen lassen.
Mit einer Schaumkelle aus
dem Wasser schöpfen und
lagenweise mit geriebenem
Käse oder Butter auf eine
heisse Platte anrichten.
Mit einer Zwiebelschwitze
bedeckt zusammen mit
Apfelmus oder Salat
servieren.

Grünkern-kroketten

(Bild Seite 26/27)

200 g Grünkern
1 Pr. Salz
5 dl Wasser
6 EL Vollkornmehl
1 Bund Schnittlauch,
*   fein geschnitten*
½ Bund Petersilie oder
*   Kerbel, fein geschnitten*
1 TL Kräutersalz
Fritieröl

Den Grünkern nach
Grundrezept zubereiten.
Erkalten lassen. Die übrigen
Zutaten beifügen und alles
etwa 5 Minuten kräftig
kneten. Von dieser Masse
mit einem Esslöffel
pflaumengrosse Portionen
abstechen und zwischen
2 Esslöffeln zu ovalen
Kroketten pressen. Ins
heisse Öl abstreichen und
braun fritieren oder
halbschwimmend backen.
Auf Küchenpapier
abtropfen lassen und sofort
servieren.

Weizenknödel

150 g Weizenflocken
3 EL Mehl
150 g Vollmilch- oder
*   Speisequark oder Tofu*
Butter oder Öl
1 Zwiebel, fein gehackt
1 Knoblauchzehe,
*   fein gehackt*
1,5 dl Wasser
Salz
Pfeffer
1 Pr. Majoran
1 EL Sojasauce
1–1½ l Salzwasser

Flocken, Mehl und Quark
oder Tofu vermischen.
Zwiebel und Knoblauch
im Fett glasig braten.
Ablöschen, aufkochen und
würzen. Diese Sauce über
die Flocken geben und
einen Teig bilden.
30 Minuten ruhen lassen.
Das Salzwasser zum
Kochen bringen. Mit einem
Teelöffel runde Häufchen
vom Teig abstechen und in
die Brühe abstreifen. Wenn
aller Teig aufgebraucht ist,
noch 5 bis 10 Minuten
ziehen lassen. Die Knödel
sollten wieder obenauf
schwimmen. Mit dem
Schaumlöffel auf eine
heisse Platte anrichten und
zu Apfelmus oder Salat
servieren.

Weizenknödel-suppe

(6–8 Personen)

Weizenknödel zubereiten
und in 2 Liter Bouillon statt
in Salzwasser garkochen.
4–5 Knödel pro Portion mit
der Brühe auf Suppenteller
anrichten. Mit fein gehack-
ten Kräutern servieren.

Weizenplätzchen

Weizenknödelmasse
zubereiten. Mindestens
1 Stunde stehen lassen.
Flache Bratlinge formen
und in Butter oder Öl
beidseitig goldbraun braten.

Fromentée

(Bild Seite 26/27)

Eine Art Weizenflan, wie
er schon im Mittelalter
gegessen wurde.

600 g (3 grosse Tassen) nach
*   Grundrezept gekochte*
*   Weizenkörner*
3 Handvoll Rosinen
2 Eier, verquirlt
4 dl Milch
3 EL Vollrohrzucker oder
*   Honig*
je 1 Messerspitze Muskat,
*   Ingwer und Safran*

Weizen und Rosinen
vermischt in eine bebutterte,
flache Auflaufform geben.

Die übrigen Zutaten mit dem Schneebesen schaumig rühren und über den Weizen giessen. Bei mittlerer Hitze im Ofen 30 Minuten goldbraun backen. Als Nachtessen nach dem Salat oder als Dessert für 6 bis 8 Personen geeignet.

Fromentée mit Früchten

Fromentée wie oben zubereiten. 300 g klein geschnittene Saisonfrüchte unter den Weizen mischen, aber nur 400 g Weizen und 2 Handvoll Rosinen nehmen.

Griessköpfchen

9 dl Milch oder Milchwasser
1 Pr. Salz
150 g Vollweizengriess
3–4 EL Vollrohrzucker,
*   Zuckerrübensirup oder*
*   Honig*
1 Handvoll Rosinen
1–2 Handvoll Nüsse,
*   geröstet und gemahlen*
1 dl Rahm, nach Belieben
abgeriebene Zitronenschale
*   oder Zimt*

Die Milch mit dem Salz zum Kochen bringen. Den Topf vom Feuer nehmen und den Griess einlaufen lassen. Unter zeitweisem Rühren 10 Minuten leise köcheln lassen. Die übrigen Zutaten unterziehen. Den heissen Brei in eine kalt ausgespülte Puddingform oder Schüssel einfüllen, erkalten lassen und stürzen. Mit Kompott oder Sirup oder einfach so servieren.

Halvah-Kugeln

(Indische Griesskugeln)
(Bild Seite 26/27)

Zum Tee, zwischendurch, oder als Abschluss einer exotischen oder einheimischen Mahlzeit. Ideal für eine Kinderparty, da sie sehr ausgiebig sind.

3 EL Sultaninen
4 Feigen, klein geschnitten
Saft von 1 Zitrone
6 dl Wasser, Milch oder
*   Milchwasser*
200 g Vollweizengriess
10 Datteln, klein geschnitten
50 g Haselnüsse,
*   grob gehackt*
2 EL Sesamsamen
2 EL Sonnenblumenkerne
2 EL Honig
Schale von ½ Zitrone
Kokosflocken

Sultaninen und Feigen im Zitronensaft einweichen. Milch oder Wasser zum Kochen bringen. Den Griess im Strahl einrühren und kurz aufkochen. Bei ausgeschalteter Herdplatte zugedeckt ausquellen lassen. Etwas erkalten lassen und dann mit allen Zutaten (ausser den Kokosflocken) vermischen. Nussgrosse Kugeln formen und in den Kokosflocken drehen. Halvah-Kugeln im Kühlschrank aufbewahren, wenn sie nicht binnen 1 bis 2 Tagen gegessen werden.

Shortbread

Ein knuspriges Süssgebäck aus Schottland

125 g warme Butter
125 g Vollrohrzucker
250 g feines Vollweizenmehl
1 Pr. Salz

Butter und Zucker cremig rühren (am besten geht dies im warmen Wasserbad). Mehl und Salz beifügen, einen Teig bilden und ein paar Minuten kneten. Einen kastenförmigen Laib formen und ein paar Stunden oder über Nacht in den Kühlschrank stellen, bis er ganz hart ist. Mit einem scharfen Messer ½ cm dicke Schnitten abschneiden und diese in 3 oder 4 Stengelchen teilen. Bei 150° 15 bis 20 Minuten backen.

GUTER ROGGEN WILL WEILE HABEN

«Dass um das Jahr 600 Roggenbrot zur Nahrung des gemeinen Mannes gehörte, geht aus der Legende der heiligen Radegund hervor. In ihrer christlichen Demut hält sie bei der Tafel unter dem Kuchen ein Stück Roggenbrot verborgen, das sie heimlich zu Munde führt, die feinere Speise verschmähend.»

Robert Gradmann,
«Der Getreidebau im deutschen und römischen
Altertum», 1909

Roggenähren, Roggenbrot, Roggenkörner,
Roggenschrot und Roggenmehl

Alljährlich bestimmt der schweizerische Bundesrat, wieviel Roggenmehl die Müller dem Weizen beimischen dürfen: sowenig, dass ihn die Leute im Brot nicht schmecken, und doch soviel, dass die Bauern ihren Brotroggen loswerden, den sie, durch die topographischen und klimatischen Gegebenheiten bestimmt, angebaut haben. Im Gegensatz zu Weizen, Mais, Reis und sogar Gerste hat Roggen nie Macht und Reichtum gebracht. Er ist das Getreide des genügsamen Selbstversorgers. Diesem aber bringt er unbestrittene Vorteile: Sein kräftiges Wurzelwerk lockert und verjüngt den Boden, und seine langen Halme ergeben ein zähes und geschmeidiges Stroh, welches sich zum Binden der Reben, zum Decken von Strohdächern und für viele andere Zwecke besser eignet als jedes andere Stroh.

Als im Zweiten Weltkrieg die Getreideimporte aus dem Ausland versiegten, blühte der Anbau von Winterroggen für Selbstversorger in den schweizerischen Berggebieten derart auf, dass die damalige Versuchsanstalt Oerlikon den langwierigen Prozess – es dauert etwa 15 Jahre, bis eine neue Getreidesorte marktreif ist – einer Neuzüchtung für Bergroggen einleitete. Die Zeiten aber ändern sich schnell, und die Fertigstellung der neuen Sorte «Cadi» fiel in eine dem Roggen wenig gewogene Zeit, so dass die Saatgutproduktion mangels Absatz bald wieder eingestellt wurde.

Das Korn der Barbaren

So stolz und hoch der Roggen auf seinen Halmen steht, so unscheinbar ist seine Geschichte. Die alten Ägypter kannten ihn nicht. Die Griechen betrachteten ihn als Unkraut, und für die Römer war er das Korn der Barbaren; denn schon lange vor Beginn unserer Zeitrechnung hatten ihn Kelten, Gemanen und Slawen angebaut.

Zahlreiche archäologische Funde weisen darauf hin, dass die Pfahlbauer Roggenbauern gewesen waren.

Wildroggen ist eine ausgesprochene Gebirgspflanze, die im ganzen Mittelmeerraum bis nach Zentralasien an trockenen, felsigen Stellen wächst. In seiner Heimat verschmäht und verkannt, wanderte er gleichsam als blinder Passagier mit dem Kulturgetreide nordwärts und liess sich zusammen mit Ackerunkräutern wie Mohn, Kornblume und Kornrade auf Weizen- und Gerstenfeldern nieder. Im rauheren Klima verdrängte er allmählich den anspruchsvolleren Weizen. Die Völker des Nordens gewöhnten sich an den dunklen Brei, und der schwarze Pumpernickel ist bis auf den heutigen Tag das bevorzugte Brot vieler Norddeutschen und Skandinavier. Da das zähe Gewächs sogar dem sibirischen Winter zu trotzen vermochte, fand es die Gunst der Russen, und wenn die Österreicher dem Roggen einfach «Korn» sagen, verraten sie, dass er auch für sie das wichtigste Getreide ist.

Diesen Roggenvölkern des Nordens und des Ostens stehen die Weizenliebhaber in den Mittelmeerländern gegenüber. Dort beschränkt sich der Roggenanbau auf die unwirtlichen Gebirgsregionen. Ähnliches gilt für die Schweiz. Der Roggen ist vor allem in den Gebirgskantonen heimisch. Das Matterhorn kann sich rühmen, nicht nur der schönste Berg zu sein, sondern zu seinen Füssen auf über 2000 m ü. M. das höchstgelegene Gertreidefeld Europas zu besitzen.

Die Staude der Geduld

Es ist nicht verwunderlich, dass in unserer schnellebigen Zeit der Roggen auf dem Getreideweltmarkt mengenmässig an letzter Stelle steht (wenn man vom Buchweizen absieht, der eigentlich kein Getreide ist) und dass sein Anbau weiterhin rückläufig ist.

Roggen braucht Zeit zum Wachsen und Reifen – in der Regel zwar nicht ganz soviel wie der Weizen, aber in Gebirgslagen, wo längst kein Weizen mehr gedeiht, harrt er manchmal ein ganzes Jahr auf den steilen, steinigen Äckern aus und schenkt dem geduldigen Bauern ein Brotkorn, das von Mineralstoffen strotzt und seine Knochen für die harte Arbeit stählt.

Aber nicht nur die Geduld des Bauern fordert der Roggen heraus. Zeit müssen sich auch Roggenesser nehmen. Was so lange gewachsen ist, will auch lange gekaut und verdaut sein. Roggengerichte verlangen unsern Verdauungsorganen viel Arbeit ab. Sie werden nur langsam vom Körper aufgenommen und nähren deshalb anhaltend.

Hartes Brot

Am bekömmlichsten ist Roggen im Sauerteigbrot. Jeder Bäcker weiss, dass die Hefe, welche Weizenbrot in kürzester Zeit leicht und luftig macht, dem schweren Roggenmehl nicht gewachsen ist. Er braucht eine Sauerteigkultur aus vielen verschiedenen Mikroorganismen, die eine Art Vorverdauung des Korns bewirken.

Solches Brot wurde früher auf Monate, ja sogar Jahre hinaus gebacken. Noch 1927 schreibt der Botaniker A. Maurizio über das Walliser Roggenbrot: «Ich hatte nur geringe Mühe, zwei- und mehrjähriges Brot für Analysenzwecke zu erhalten. Théodore de Saussure erzählt vom Ende des 18. Jahrhunderts in seinen Walliser Reisen, er sei des Brotes erst durch kräftiges Aufschlagen an der Kante eines steinernen Tisches Herr geworden. Als Brothacker benutzt man im Wallis mit Vorliebe noch jetzt alte Säbel.

Auf diese Art des Brotschneidens bezieht sich der Volksmund im folgenden Geschichtchen: Als ein Bauer eines Bettlers ansichtig wird, ruft er seinem Sohne zu ‹nimm die Axt und gib ihm eins›, worauf der Bettler sich schleunigst davonmacht.»

Mischel, Mengkorn und Triticale

Wenn Roggen wirklich ein Unkraut ist, verdirbt er auch nicht so schnell. Oft versuchten die Landwirte vergeblich, ein Feld mit reinem Weizen, Gerste oder Hafer zu bestellen. Immer schoss ihnen der Roggen dazwischen. Da sich diese naturgegebenen Mischkulturen als ertragssicherer und oft als ertragsreicher herausstellten, ging man dazu über, Saatgut von zueinanderpassenden Getreidearten zu vermischen, um «Mischel», «Mengkorn» oder «Halbfrucht» zu produzieren. Auf solchen Feldern kam es immer wieder zu spontanen Kreuzungen zwischen diesen Getreiden, denen die Bauern aber kaum Beachtung schenkten. Erst Forschergeist und Phantasie des 19. Jahrhunderts fühlten sich von der Idee, eine Roggen-Weizen-Kreuzung zu züchten, herausgefordert. Es bedurfte aber jahrzehntelanger Forschung und der verbesserten Technologie des 20. Jahrhunderts, bis es gelang, das Wunderkorn «Triticale» zu erschaffen. Dieses sollte die Widerstandskraft des Roggens mit dem hohen Eiweissgehalt und den guten Backeigenschaften des Weizens vereinen. Triticale ist für Standorte gedacht, an denen Weizen schlecht gedeiht.

Seit 1983 wird Triticale auch in der Schweiz als Futtergetreide und hoffentlich auch bald als Brotgetreide – wofür es sich ausgezeichnet eignen würde – angebaut.

Grundrezept für Roggen

8 Portionen

400 g Roggenkörner
1 l Wasser
1 Pr. Salz

Den Roggen waschen und mindestens 5 Stunden oder über Nacht einweichen. Salzen. Zugedeckt im Einweichwasser 1½ bis 2 Stunden köcheln und 30 Minuten quellen lassen. *Oder* alle Zutaten im Dampfkochtopf 1 Stunde unter Druck kochen. Hitze ausschalten, den Druck herunterkommen lassen und 15 bis 30 Minuten quellen lassen.
Tip: Von allen Körnern lohnt es sich am ehesten, den Roggen zu darren (Seite 104), da er dadurch verdaulicher wird.

Seite 34/35
**Bayerischer Roggeneintopf
Hirtenpasteten**

Schlunz

(Ostpreussische Roggensuppe)

1¼ l Bouillon
80 g Roggenschrot
½ Sellerieknolle,
* kleingewürfelt*
1 Stück Butter
Saurer Halbrahm oder
* Vollmilchquark*
feingehackte Kräuter

Die Bouillon zum Kochen bringen. Das Roggenschrot unter Rühren einlaufen lassen. Sellerie und Butter beifügen. 45 bis 60 Minuten simmern lassen. Abschmecken. Die Suppe auf die Teller verteilen und ca. ½ EL Halbrahm oder Quark dazugeben. Mit Kräutern bestreuen und servieren.

Älplersalat

500 g (gut 2 Tassen) schon
* gekochte Roggenkörner,*
* nach Grundrezept*
* zubereitet*
500 g Salatsauerkraut
150 g Bergkäse, in kleine
* Würfel geschnitten*
1 Zwiebel, fein gehackt
2 EL Öl
½ Sträusschen Petersilie
* oder andere frische*
* Kräuter, fein gehackt*

Alle Zutaten mischen und kalt (Zimmertemperatur) servieren.

Bayrischer Roggeneintopf

6 Portionen
(Bild Seite 34/35)

Ein währschaftes Wintergericht.

100 g gedörrte Apfelschnitze
Butter oder Öl
1 Zwiebel, fein gehackt
500 g Rotkraut, in grobe
* Stücke geschnitten*
500 g Kartoffeln, in Würfel
* geschnitten*
Bouillonwürfel oder
* Gemüseextrakt*
1 Lorbeerblatt
1 TL Paprikapulver
500 g schon gekochte
* Roggenkörner, nach*
* Grundrezept zubereitet*
1 Schuss Rotwein, nach
* Belieben*

Die Apfelschnitze ein paar Stunden im Wasser einweichen. In einem grossen Topf die Zwiebel glasig dünsten. Das Rotkraut beifügen und ebenfalls glasig dünsten. Die Apfelschnitze zugeben und mit dem Einweichwasser ablöschen. Die übrigen Zutaten beifügen und zugedeckt ½ Stunde kochen lassen. Von Zeit zu Zeit umrühren. Eventuell wenig Wasser und Rotwein zugeben. Nach Belieben zu diesem Eintopf Nature-Joghurt oder Sauermilch als «Sauce» reichen.

Gratinierte Roggenpfluten

(Roggenklösse)

200 g Roggenschrot
7 dl Wasser
1 Pr. Salz
½ TL Thymian
150 g Greyerzer, gerieben
1 dl warme Milch
Butter
1 Zwiebel, in Ringe
    geschnitten

Das Roggenschrot nach
Grundrezept für Schrotbrei
auf Seite 99 zubereiten.
Salz, Gewürze und 50 g
Greyerzer darunterrühren
und 15 Minuten quellen
lassen. Mit einem Esslöffel
eiergrosse Portionen
abstechen und in eine
bebutterte Auflaufform
schichten. Zwischendurch
mit Käse bestreuen. Die
warme Milch darüber-
giessen und bei guter Hitze
ca. 15 Minuten überbacken.
Inzwischen die
Zwiebelringe langsam
goldbraun braten und über
die gebackenen Klösse
verteilen.

Rogg'n Rolls

Butter oder Öl
1 grosse Zwiebel,
    fein gehackt
1 Knoblauchzehe,
    fein gehackt
2–3 Karotten, in kleine
    Würfel geschnitten

200 g Roggenschrot
7 dl Wasser
1 TL Salz
1 Zweiglein Rosmarin
1 grosser, schöner Lattich
    (ca. 20 schöne Blätter)
2 EL Ruchmehl
2,5–3 dl Milch, Wasser oder
    Milchwasser
Salz
je 1 Pr. Koriander und
    Cayennepfeffer
ca. 150 g geriebener Käse

In einem Topf Zwiebel,
Knoblauch und Karotten in
wenig Fett andünsten.
Roggenschrot dazurühren
und kurz mitbraten. Mit
dem Wasser ablöschen und
zum Kochen bringen. Salz
und Rosmarin beifügen.
15 bis 20 Minuten köcheln
lassen. Oft rühren. Die
Lattichblätter in Salzwasser
abwellen. Blattrispen etwas
plattdrücken. Jedes Blatt
mit 2 bis 3 EL Roggenschrot
füllen und einrollen. Auf
eine eingefettete Gratinform
reihen. Mit 2 EL Butter,
Mehl, Milch oder Wasser,
Salz und Gewürzen eine
weisse Sauce zubereiten
und über die Roggenrollen
verteilen. Den Käse
darüberstreuen und im
Backofen bei guter Hitze
20 bis 30 Minuten
überbacken.

Roggenschnitten an Meerrettich- sauce

200 g Roggenschrot
6 dl Wasser
1 Pr. Salz
2 EL Butter
3 EL Ruchmehl oder feines
    Vollkornmehl
2,5 dl Wasser
2,5 dl Milch
3 EL Meerrettich,
    auf der Bircherraffel
    gerieben
1 TL Honig
wenig Pfeffer
1–2 EL Zitronensaft oder
    Apfelessig
½ Becher Sauerrahm,
    saurer Halbrahm oder
    Nature-Joghurt

Das Roggenschrot nach
Grundrezept für Schrotbrei
(Seite 99) zubereiten.
Den Brei auf ein mit kaltem
Wasser ausgespültes Blech
oder Pizzabrett streichen
und erkalten lassen.
Vierecke schneiden und
dachziegelartig in eine
eingefettete Gratinform
schichten.
In einer Saucenpfanne die
Butter erwärmen und das
Mehl darin anrösten. Vom
Feuer nehmen und das
Wasser dazurühren. Zurück
auf der Platte allmählich die
Milch einrühren. Etwas
eindicken lassen.
Meerrettich, Honig, Salz,
Pfeffer und Zitronensaft
beifügen und abschmecken.

Fortsetzung nächste Seite

Vom Feuer nehmen und den Sauerrahm unterrühren. Die Sauce über die Roggenschnitten verteilen. Im heissen Ofen 15 bis 20 Minuten überbacken. Mit verschiedenen Saisonsalaten oder gedämpftem Gemüse servieren.

Varianten:
– Das Roggenschrot als Brei anrichten und die Sauce separat dazu auftischen.
– Die Schnitten erkalten lassen und in Butter oder Öl anbraten. Die Sauce separat dazureichen.

Hirten-Pasteten

(Bild Seite 34/35)

Teig:
200 g Roggenmehl
50 g feines Weizenmehl
1 TL Salz
100 g kalte Butter
150 g Quark (am besten
  Vollmilchquark)

Die Zutaten mischen und zu einem Teig kneten. Mindestens 30 Minuten kalt stellen.

Füllung:
wenig Butter oder Öl
100 g Sellerieknolle oder
  ein anderes
  Wurzelgemüse, in kleinen
  Würfeln oder
  auf der Röstiraffel
  gerieben

500 g Lauch, in feinen
  Streifen
100 g Champignons,
  in kleinen Blättchen
etwas Thymian
Pfeffer aus der Mühle
½ TL Salz
ein paar Tropfen Sojasauce

Die Gemüse sautieren, bis sie zusammenfallen. Vom Feuer nehmen und würzen. Aus dem Teig 4 Kugeln formen und mit viel Mehl zu 4 Tellern von 20 bis 25 cm Durchmesser auswallen. Einen Viertel der Füllung auf einen der Teigteller legen und sofort überschlagen, so dass ein Halbkreis entsteht. Die Ränder mit einer Gabelspitze zusammendrücken und die Pastete auf ein Backblech legen. Mit der Gabel stupfen. Die übrigen 3 Pasteten gleich füllen. Bei guter Hitze etwa 25 Minuten backen. Dazu passt Suppe und eventuell Salat.
Tip: Da dieser Teig sehr brüchig ist, rollt man ihn am besten auf Backpergament aus, füllt die Pastete und lässt sie vom Papier auf das Blech gleiten.

Radegunds Roggenlebkuchen

Ich kann mir vorstellen, dass die Lebkuchen der einfachen Leute zu Radegunds Zeiten etwa wie diese geschmeckt haben. Dieses Rezept ist ein schlagendes Beispiel dafür, dass man dem Roggen Zeit lassen muss:
Nach etwa 14 Tagen schmecken die Lebkuchen am besten.

350 g grobes Roggenmehl
2 EL Lebkuchengewürz
1 Zitrone, nur abgeriebene
  Schale
½ TL Salz
2 Eier, verquirlt
150 g Honig
gespaltene oder geschälte
  Mandeln zum Verzieren

Mehl, Gewürze und Salz mischen. Eier und Honig zugeben und einen Teig bilden. 1 Stunde kalt stellen. Auf Backpergament ½ bis 1 cm dick auswallen. Die Mandeln als Verzierung (z. B. Blumenmuster) in regelmässigen Abständen eindrücken oder einfach über den Teig verteilen. Bei mittlerer Hitze etwa 15 Minuten backen. Den heissen Kuchen sofort mit einem Messer in Vierecke schneiden. Die Lebkuchen ein paar Tage lagern.

Roggenbiscuits

Auch dieses Gebäck schmeckt besser, wenn es nicht mehr ganz ofenfrisch ist.

150 g Roggenmehl
150 g feines Weizenmehl
100 g Baum(Wal-)nüsse, fein gemahlen
1 TL Ingwerpulver
1 TL Anispulver
1 Messerspitze Kardamom
1 Pr. Salz
5 EL Zuckerrübensirup
1 dl Wasser
4 EL Öl

Mehl, Nüsse und Gewürze in einer Schüssel vermischen und eine Mulde formen. Zuckerrübensirup und Wasser in einem Topf zum Kochen bringen. Vom Feuer nehmen und das Öl beifügen. Mit dem Schneebesen milchig schlagen und sofort ins Mehl giessen. Verrühren und einen Teig bilden. 1 Stunde kalt stellen. Den Teig in zwei Hälften auf Backpergament so dünn wie möglich auswallen. Mit dem Backrädchen gitterartig zu kleinen Quadraten schneiden. Jedes Quadrat mit einem Gabelstich versehen. Bei 150° 15 Minuten backen.

Sauerteigbrot

Sauerteig ist das älteste und einfachste Triebmittel. Sauerteigbrot soll nicht sauer, sondern würzig und fast süss schmecken. Wenn der Geschmack des Brotes nicht befriedigt, empfiehlt es sich, einen neuen Starter anzusetzen und dies so oft zu wiederholen, bis man die richtige Geschmacksnuance «gezüchtet» hat. Von einem guten Starter möglichst vielen Leuten, die selber Brot backen, zum Brauchen geben, damit er nicht aus Versehen verlorengeht. Ich habe von Sauerteigkulturen gehört, die so 100 Jahre überlebt haben.

Sauerteigkultur (Starter):
100 g Roggen- und Weizenmehl
100 g Roggenschrot
1 Pr. Kümmelpulver
¼ l lauwarmes Wasser

Alle Zutaten zu einem Brei verrühren und bei Zimmertemperatur ca. 3 Tage stehen lassen. Sobald es zu einer starken Bläschenbildung kommt und der Starter angenehm säuerlich riecht, ist er zum Brotmachen bereit. Wird er nicht gleich gebraucht, in den Kühlschrank stellen. Zur Not kann er auch tiefgefroren werden. Er braucht nach dem Auftauen aber Zeit, «sich zu erholen».

Sauerteigbrot:
500 g Roggenmehl
5 dl Wasser
Sauerteigkultur
500 g Roggenmehl oder 200g Roggenmehl und 300 g Weizen- oder Mischmehl
2–2,5 dl Wasser
1 EL Salz
1 TL Kümmelpulver

Die ersten drei Zutaten gut mischen und über Nacht bei Zimmertemperatur stehen lassen. Am nächsten Tag diesem Vorteig wieder gleichviel Starter entnehmen, wie man anfangs beigefügt hat, und in einem Schraubglas im Kühlschrank aufbewahren. (Wird der Starter lange nicht gebraucht – mehr als 14 Tage –, hie und da mit Mehl und Wasser vermehren.) Die restlichen Mehle, Wasser, Salz und Kümmelpulver zum Vorteig geben und einen Teig bilden. Kurz kneten. Nochmals 1 Stunde aufgehen lassen. 2 oder 3 Laibe formen, und diese nochmals 10 bis 15 Minuten ruhen lassen. Bei abfallender Hitze (von 250° auf 180°) 1 Stunde backen.

Varianten:
Dem Teig können Baumnüsse (Walnüsse), Leinsamen, Fenchelsamen, Koriander und/oder wenig Honig beigemischt werden.

HAFER
MACHT FIT

«Porridge ist das Geheimnis aller
Erfolge der Schotten,
er erhält den Leib gesund, den
Kopf kühl und die Füsse warm.
Haferbrei macht Männer von Eisen,
wie Livingstone und Gordon.»

Ein Schotte.

**Hafermehl, Haferflocken, Haferkerne,
Haferschrot, Haferähren**

Von «pot», also Topf oder Kochtopf soll das Wort «porridge» herkommen und im 16. Jahrhundert geprägt worden sein. Im ganzen englischen Königreich brodelte und simmerte damals das Hafermus in einem Topf über dem Kaminfeuer, sowohl in den einfachen Stuben strohbedeckter Bauernhäuser als auch in den Salons vornehmer Schlösser. Waren dann die zähen Körner in cremigen Brei übergegangen und hatte man sich zu Tisch gesetzt, waren Edelleute und Bauernvolk gleichgestellt in ihrer Vorliebe zum Porridge. Neben dem Porridge brachten andere Hafergerichte, wie «oatcakes», «boose», «skirlie», «hodgils», von denen heute kaum jemand noch weiss, was sie sind, Abwechslung in den Speiseplan. Weniger Umstände machten die schottischen Soldaten. Sie rührten geschroteten Hafer mit Flusswasser an und haberten – ohne es zu wissen natürlich – den Vorläufer von Birchermüsli.

Zwar ist es wahrscheinlich, dass das Birchermüsli in irgendeiner Form schon viel früher erfunden worden war. Auf dem europäischen Kontinent, also auch in der Schweiz, bauten die Pfahlbauer neben Roggen und Hirse nämlich auch Hafer an. Für die Germanen war Hafer von grosser Bedeutung. Von den Alpen bis zu den Nordseestränden war er die Frucht des Sommerfeldes und deshalb schon im frühesten Mittelalter die häufigste Halmfrucht unter den Abgaben, Steuern und Zehnten.

Bromos, Avena und Futtergras

Wie der Roggen, so blieb auch der Hafer ein nordisches Korn. Zwar schrieb schon im 4. Jahrhundert v. Chr. ein griechischer Arzt, dass «bromos» – so bezeichnete man im alten Griechenland den Hafer – eine «besonders kräftige und leicht verdauliche Polenta» abgebe. Bromos wurde für die Griechen Arznei, aber nie Grundnahrungsmittel.

Die Römer tauften ihn auf den wohlklingenden Namen «avena»; doch auch sie assen ihn nicht. Laut Plinius, dem römischen Gelehrten und Heilkundigen, war Hafer ein Unkraut, ja eine Getreidekrankheit; denn diese Rispenähren erschienen ihm wie eine Ausartung von Gerste. Man warf sie dem Vieh vor, und Futtergras ist Hafer bis auf den heutigen Tag geblieben. Er ist die geeignetste Nahrung für Pferde. «Auch geschroten für das Rindvieh und für Schweine ist er vorzüglich», urteilte Ende des 19. Jahrhunderts ein Wissenschaftler. Der allergrösste Teil der Haferernte auf der ganzen Welt wird denn heute auch diesem Zweck zugeführt.

Der Hafer dient in der modernen Landwirtschaft als Zwischenfrucht und Gründünger, also als Bodenverbesserer. Als solche kann er unausgereift dem Vieh verabreicht werden. Auch das relativ weiche Haferstroh kann von Tieren gefressen und in Eiweiss umgesetzt werden. Gute, ausgereifte Haferkörner hingegen sollten wir als Korn, Flocken oder Mehl essen und nicht, um ein Mehrfaches vermindert, in Form von Fleisch. Wir wissen ja, dass ein Masttier bis zu 16 kg Getreideeiweiss, also z. B. Hafereiweiss fressen muss, um 1 kg Fleisch- oder Milcheiweiss zu produzieren.

Dabei enthält der Hafer ein für Menschen besonders hochwertiges pflanzliches Eiweiss, das vom Körper gut aufgenommen wird. Hervorzuheben ist auch der hohe Fettanteil von 7 Prozent. 100 g Hafer liefern einen Drittel des Tagesbedarfs an essentiellen, das heisst lebenswichtigen Fettsäuren. Es ist bemerkenswert, dass diese hohen Fettwerte von natürlichen Antioxydans, also Substanzen, welche das Fett vor dem Ranzigwerden bewahren, begleitet sind. Wenn Sie selber Brot backen, setzen Sie diesem immer einen kleinen Anteil Hafermehl zu, und Ihr Brot wird länger frisch bleiben.

Vom Porridge zum Birchermüsli

Wenn der Roggen den Bauern und Schwerarbeiter nährt und ihm Kraft und Ausdauer verleiht, ist der Hafer des Sportlers und Wanderers Wegzehrung. Hafer in verschiedenen Darreichungsformen hat sich bei Expeditionen und sportlichen Dauerleistungen bewährt. Die Stärke des Hafers wird von der Muskulatur schnell und leicht aufgenommen, ohne die Verdauung zu belasten. Wohl deshalb regt der Hafer zum Bewegen an. Essen Sie zum Frühstück eine tüchtige Portion Hafermus, und Sie fühlen sich fit und heiter den ganzen Tag.

Das Birchermüsli, der Inbegriff eines gesunden Frühstücks, war ursprünglich eine Haferspeise: Von Dr. Max Bircher-Benner, dem «Vater des Birchermüslis», wird erzählt, er habe einmal auf einer Bergwanderung in einer Alphütte Halt gemacht. Der Senn war gerade daran, gemächlich sein Frühstück zu verspeisen. Der Zürcher Arzt war beeindruckt von der Ausgewogenheit dieses einfachen Mahles und der offensichtlichen Gesundheit des alten Mannes. Die Idee, eine ähnliche Nahrung den von verfeinerter Mangelkost verwöhnten und kranken Städtern schmackhaft zu machen, liess ihn nicht mehr los, und er entwickelte eine «Früchte-Diätspeise», die zum Grundstock all seiner Diät-Therapien und bald auch zur Volksspeise wurde.

Ein vermehrter Hafergenuss könnte uns Überzivilisierten in mancher Hinsicht auf die Sprünge helfen. So kann Hafer den Cholesteringehalt im Blut senken. Interessant ist er auch für Diabetiker, weil ein Teil seiner Kohlehydrate ähnlich dem Fruchtzucker, nicht insulinpflichtig ist. Es gab früher spezielle Haferkuren für Diabetiker.

Ein Rispengetreide

Der Hafer ist ein Rispengetreide, d. h., er bildet keine satten Ähren. Die einzelnen Körner sind freihängend Wind, Wetter und Sonne ausgesetzt. Deshalb fällt einem beim Betrachten eines Haferfeldes ein seidiges Wogen auf, während sich bei andern Getreiden eher die einzelnen Ähren abheben. Wie bei der Gerste gibt es Nackt- und Spelzhaferarten, und mit dem Mais hat er gemeinsam, dass er in verschiedenen Farben vorkommt, nämlich Weiss (die handelsübliche Farbe), Schwarz und Blau. Das Haferkorn ist weicher als andere Getreidekörner und eignet sich deshalb besonders gut zur Flockenherstellung, denn dabei werden die Körner mit Walzen zerdrückt. Beim Hafer kann man das zur Not sogar selber mit dem Wallholz bewerkstelligen.

Grundrezept für Hafer

8 Portionen

Stundenlang wurden früher die Haferkerne über dem Kaminfeuer zum sämigen Brei gerührt. Heute weichen wir sie ein, denn wer hat schon noch ein Herdfeuer, das den ganzen Tag brennt? Wer gerne etwas kaut, kann das Einweichen auch auslassen.

400 g Haferkerne
9 dl Wasser
1 Pr. Salz

Den Hafer waschen und wenn gewünscht ein paar Stunden oder über Nacht einweichen. Salzen. Zugedeckt im Einweichwasser 1 bis 1½ Stunden köcheln und 15 Minuten quellen lassen. *Oder* alle Zutaten im Dampfkochtopf 45 Minuten unter Druck kochen. Hitze ausschalten, den Druck herunterkommen lassen und 10 Minuten quellen lassen.

Seite 44/45
Haferplinsen mit Apfelfüllung

Hafersuppe

In der Krankenkost hat der fade Haferschleim schon oft Wunder gewirkt.
Eine zünftige Hafersuppe kann auch Leib und Seele von Gesunden erfrischen.

125 g Haferkörner
1 EL Öl
1 grosse Zwiebel,
*   fein gehackt*
1¼ – 1½ l Wasser
1 Lorbeerblatt
Gemüseextrakt oder
*   Bouillon*
ein paar Tropfen Sojasauce

Die Körner waschen und im Dampfkochtopf (ohne Öl) langsam rösten, bis sie nussartig duften. Die Körner im Topf etwas auf die Seite schieben und das Öl eingiessen. Die Zwiebel darin glasig braten. Mit dem Wasser ablöschen, das Lorbeerblatt beifügen und den Druck hochkommen lassen. 1 Stunde kochen. Hitze ausschalten und den Druck herunterkommen lassen. Gemüseextrakt beifügen und mit Sojasauce abschmecken. Nochmals etwas 10 Minuten unter Druck kochen. Eventuell mit Suppengrün servieren. **Varianten:** Statt ganze Körner Haferschrot (Grütze) oder Flocken verwenden und, wenn gewünscht, die Kochzeit reduzieren.

Waldorf-Salat mit Haferkernen

1 Handvoll
*   Baum(Wal-)nüsse,*
*   grob gehackt*
Butter oder Öl
100 g Sellerieknolle, in
*   kleine Würfel oder*
*   Streifen geschnitten*
Salz
½ Zitrone, Saft + 1 EL
*   Wasser*
1 Tasse schon gekochte
*   Haferkerne, nach*
*   Grundrezept zubereitet*
8 EL Nature-Joghurt
1 Handvoll Rosinen
wenig Pfeffer und Salz
1 säuerlicher Apfel
1 Chicorée (Brüsseler), in
*   feine Streifen geschnitten*

Die Nüsse in der Bratpfanne, ohne Fett, rösten. Herausnehmen, Butter oder Öl erwärmen und den Sellerie darin anziehen. Salzen und mit Zitrone und Wasser ablöschen. Zugedeckt auf kleinem Feuer ein paar Minuten garen. Joghurt, Rosinen, Salz und Pfeffer verrühren. Den Apfel auf der Röstiraffel dazuraffeln. Chicorée beigeben und vermischen. Am Schluss Hafer und Nüsse dazumischen und kalt servieren.

Hafer-Plinsen

(Bild Seite 44/45)

Eine jüdische Spezialität, die mit verschiedenen Mehlen hergestellt werden kann. Mit Hafermehl wird sie besonders fein, leicht und verdaulich.

150 g Hafermehl
7,5 dl Milch
1 TL Salz
etwas Muskat
3 Eier

Hafermehl mit 5 dl Milch in einem Topf verrühren und unter Rühren erhitzen. Wenn die Masse breiig wird (noch bevor sie kocht), vom Feuer nehmen und die restliche Milch dazurühren. Salz und Muskat beifügen. Die Eigelb in eine grosse Schüssel geben. Die Eiweiss steifschlagen. Den Haferbrei ins Eigelb einrühren, dann den Eischnee sorgfältig darunterziehen. 3 EL dieser Masse in eine heisse, mit wenig Öl ausgestrichene, kleine Bratpfanne geben. Die Pfanne drehen, so dass der Teig möglichst dünn verläuft. Wenn der Teig auf der Oberseite fest und auf der Unterseite braun geworden ist, mit der Bratenschaufel, braune Seite nach unten, auf einen Teller legen. Während die nächste Plinse in der Pfanne brät, die erste füllen, einrollen und in eine eingefettete Auflaufform legen. So verfahren, bis aller Teig aufgebraucht ist. Die Rollen sollten nur neben-, nicht aufeinander in der Form liegen. Eventuell zwei Auflaufformen oder eine grosse Kuchenform aus Porzellan oder Glas füllen. Die gefüllten Plinsen 10 bis 15 Minuten im Ofen überbacken. Mit Sauerrahm servieren.
Wie unsere Omeletten können Plinsen mit würzigen oder süssen Füllungen gereicht werden.

Gemüsefüllung:
Butter oder Öl
1 Zwiebel, gehackt
1 Karotte, grob geraffelt
1 Peperoni (BRD: Paprika), fein geschnitten
½ Kohl, fein geschnitten
1 TL Salz
Cayennepfeffer

Die Gemüse sautieren, bis sie zusammenfallen, und in die Plinsen füllen.

Apfelfüllung:
5 – 6 Äpfel, grob geraffelt
2 Handvoll Rosinen
1 TL Zimt
3 EL Vollrohrzucker
Butter

Äfel, Rosinen und Zimt mischen. Die Plinsen füllen und in die Auflaufform reihen. Mit Zucker und Butterflocken bestreut überbacken.

Plinsen können auch mit Ricotta- oder Hüttenkäse, Gehacktem, Konfitüre oder Früchte- und Beerenkompott gefüllt werden.

Haferflocken-Pilz-Burger

2 EL Butter oder Öl
1 grosse Zwiebel, gehackt
150 g feine Haferflocken
1 mittelgrosse Karotte, gerieben
1 Stück Sellerie, gerieben
250 g Champignons, grob geschnitten
Petersilie und Estragon, fein gehackt oder getrocknet
2 EL Tomatenpüree
2 EL Sojasauce
1 dl Bouillon
2 Eier
Vollkornpaniermehl
Kräutersalz

Die Zwiebel im Fett glasig braten. Haferflocken beifügen und bräunen. Gemüse und Gewürze dazugeben. Bouillon und Eier gut daruntermischen und soviel Paniermehl beifügen, bis eine gut formbare Masse entsteht. Mit dem Kräutersalz abschmecken. Burger formen, in Paniermehl wenden und auf beiden Seiten goldbraun braten. Mit einer Salat- oder Gemüseplatte servieren.

Haferpuffer

20 g Frischhefe
5 dl Milchwasser
100 g feine Haferflocken
50 g Hafermehl
1 EL Marantamehl
1 TL Salz
Butter oder Öl zum Braten

Die Hefe im warmen
Milchwasser auflösen.
Haferflocken und -mehl
einrühren und ein paar
Minuten schlagen. Im
warmen Wasserbad oder an
einem warmen Ort ½ bis
1 Stunde aufgehen lassen.
Marantamehl und Salz
beigeben. Butter oder Öl in
einer grossen Bratpfanne
erwärmen und
handtellergrosse Puffer
braten. Zu Salat, Gemüse
oder Apfelmus essen oder
zusammen mit Vanillecreme
und Kompott.

Porridge

So wird es in England
gekocht.

100 g Haferflocken,
*   grobe oder feine*
5–7 dl Wasser, je nach
*   gewünschter Konsistenz*
1 Pr. Salz

Das Wasser erhitzen. Kurz
bevor es kocht, die Flocken
einstreuen und rühren.
Feine Flocken 5 bis
10 Minuten, grobe

mindestens 20 Minuten
leise köcheln lassen. Hie
und da umrühren. Am
Schluss das Salz einrühren.

Knusperäpfel

150 g Haferflocken
½ TL Zimt
50 g Butter oder 3 EL Öl
3 EL Birnendicksaft
50 g Mandeln oder
*   Baum(Wal-)nüsse,*
*   grob gehackt*
50 g Rosinen in 1 dl
*   Fruchtsaft eingeweicht*
500 g Äpfel,
*   klein geschnitten oder*
*   geraffelt*

Flocken, Zimt, Butter,
Birnendicksaft und Nüsse
vermischen und einen
Drittel davon auf den
Boden einer eingeölten
Auflaufform verteilen.
Äpfel und Rosinen mit Saft
mischen und ebenfalls in
der Form verteilen. Die
restliche Flockenmischung
darüberstreuen. Bei
mässiger Hitze 45 bis
50 Minuten backen, bis die
Flocken goldbraun sind.
Heiss oder kalt servieren.
Wenn gewünscht,
Vanillecreme oder flüssigen
Rahm dazureichen.
Variante: Anstelle von
Äpfeln können 500 g
kleingeschnittene
Saisonfrüchte (z. B.
Pflaumen, Pfirsiche)
verwendet werden.

Haferwaffeln

350 g Hafermehl
50 g feine Haferflocken
150 g feines Vollkornmehl
½ TL Salz
1¼ dl Öl
ca. 1½ dl kaltes Wasser

Hafermehl und -flocken im
Ofen oder in einer grossen
Bratpfanne, ohne Öl, rösten,
bis sie einen feinen nuss-
ähnlichen Duft ausströmen.
In eine Schüssel geben.
Vollkornmehl und Salz
dazumischen. Das Öl
einlaufen lassen und mit
einer Gabel verteilen. Dann
mit dem Wasser einen Teig
bilden. Diesen 2 bis 3 mm
dick ausrollen. Mit einem
Glas Rondellen stechen.
Bei mässiger Hitze 10 bis
15 Minuten backen. Die
Waffeln sollten nach dem
Backen eher weiss als braun
sein. Jetzt können sie so, als
feine ungesüsste Biscuits
gegessen werden. Süsse,
sehr leckere Kekse erhalten
sie mit folgender Füllung:

2 EL Haselnussmus
4 EL Zuckerrübensirup

gut vermischen. Auf die
Hälfte der Waffeln, jeweils
in der Mitte ½–¾ TL
Füllung geben. Die zweite
Hälfte der Waffeln
sorgfältig daraufdrücken,
so dass sich die Füllung
verteilt und die Waffeln
zusammenhält.

Altmodische Haferflocken- guetsli

(Haferflockenkekse)

6 EL kaltgepresstes Öl
2,5 dl Wasser
100 g Vollrohrzucker oder
*   Honig*
1 Ei
100 g Rosinen
etwas abgeriebene
*   Zitronenschale*
200 g grobe Haferflocken
150 g Vollkornmehl
50 g grob gehackte
*   Baum(Wal-)nüsse*
1½ TL Backpulver
1 TL Zimt
1 TL Vanillezucker
1 Pr. Meersalz

In einer Schüssel Öl, Wasser, Zucker, Ei und Salz schaumig rühren. Rosinen, Zitronenraspeln und Haferflocken beifügen und ca. 15 Minuten einweichen. Die übrigen Zutaten vermengen und mit der Haferflockenmischung zu einem feuchten Teig verarbeiten. Diesen mit einem Teelöffel in Häufchen auf ein eingefettetes Backblech geben und etwas flachdrücken. Bei 200° 15 Minuten backen.

Granola

Granola ist das Porridge der Schleckmäuler. Es wurde in Amerika erfunden, und mit ihm haben Naturköstler dem ungesunden Cornflakes-Imperium den Krieg angesagt. Ob Granola soviel gesünder ist als Industriezerealien? Es kommt natürlich auf die Zusammensetzung an. Hier ein Vorschlag, den Sie selber abwandeln können:

300 g grobe Haferflocken
300 g feine Haferflocken
100 g Sonnenblumenkerne
50 g Sesamsamen
100 g ganze Haselnüsse oder
*   grobgehackte Baumnüsse*
80 g Kokosraspeln, nach
*   Belieben*
100 g flüssige Butter oder
*   gut 1 dl Öl*
150 g Honig oder sonstiges
*   natürliches Süssmittel*
4 EL Wasser
1 TL Salz
2 TL Vanillezucker
100 g Rosinen

Haferflocken, Samen, Nüsse und Kokosraspeln in einer grossen Pfanne oder im Ofen rösten, bis sie anfangen, sich braun zu färben. Die übrigen Zutaten in einer grossen Schüssel verrühren und die warmen Flocken daruntermischen. Das Granola in die Schüssel gepresst (damit sich Klumpen bilden können), erkalten lassen. In luftdichte Gläser oder Büchsen füllen. Mit kalter Milch übergossen, zum Frühstück oder als Zwischenverpflegung essen.

Avena

Dass man im heissen Klima Kolumbiens eher geneigt ist, den Hafer zu trinken als zu essen, beweist ein dort beliebtes Getränk, das ganz einfach Avena genannt wird. Ich habe das Rezept von einer kolumbianischen Freundin bekommen.

100 g feine Haferflocken
2 l Wasser
1 Zimtstengel
½ l Milch
Honig oder Vollrohrzucker

Flocken und Zimt 30 Minuten im Wasser kochen. Durch ein Sieb abgiessen und die Flüssigkeit auffangen. Mit einem Holzlöffel möglichst viel von den cremigen Bestandteilen des Hafers durchstreichen. Milch und Honig beifügen und kühlstellen.
Tip: Die zurückbleibenden Flocken als pflegende Gesichtspackung verwenden.

ZÖTTELN ZAPFEN UND DER BESTE HIRSBREI

«Holzfäller und Köhler,
die in den Eisenhütten im Tal von
Non arbeiten, schwören auf
Hirsebrot mit Milch
als einzige Speise, die ihnen
für ihre schwere Arbeit genügend
Nahrung gibt.»

*Aus dem Hausbuch von
der gesunden Lebensweise der Familie Cerruti
(14. Jahrhundert)*

**Hirsekolben,
Hirseflocken und Goldhirse**

Am Hirsmontag, der je nach Gegend auf den Montag vor oder nach dem Aschermittwoch fiel, massen sich alljährlich die jungen Töchter von Cham im Hirsekochen. Diejenige, die den schmackhaftesten Brei zubereitete, erhielt ein Paar rote Strümpfe. Dann wurde die Hirse an die Armen der Gemeinde verteilt. Diese Wohltätigkeitsveranstaltung sollte den weniger bemittelten Bürgern das «Hirsejagen» ersparen. An andern Orten der Innerschweiz weibelten nämlich um diese Jahreszeit die «Hirsnarren» von Haus zu Haus, um ein Scherflein Hirse zu erbetteln.

Die Hirse war früher Fastnacht-, Fest- und Fastenspeise. Im Schweizerdeutschen Fänk, Feich oder Ferch genannt, oder männlich als «der Hirs» bezeichnet, ersetzte sie am Sonntag das Fleisch. Der «Ferchpapp» war meist sehr beliebt, aber es gab auch Orte, wo dieses kleinste unter den Körnern als das Brot der Armen galt.

Sommergetreide und Notfrucht

Hirse war nie Hauptfrucht wie Weizen, Gersten oder Roggen. Als ausgesprochenes Sommergetreide wurde sie oft noch spät auf ein abgeerntetes Feld gesät und ergänzte die Getreidevorräte. Es kam auch vor, dass in all den Fällen, wo das im Vorjahr gesäte Hauptgetreide nicht richtig gedeihen wollte, die Hirse als Notfrucht einspringen musste, da sie dank ihrer kurzen Vegetationszeit die Tennen doch noch zu füllen vermochte.

Auch in Asien, wo die Hirsekultur ihren Ursprung hat, stand dieses Getreide meist an zweiter Stelle. In Japan assen die Adligen und Samurai Reis; die Bauern mussten sich mit Hirse begnügen. Immerhin gehörte sie im chinesischen Kaiserreich zu den fünf heiligen Kulturpflanzen, und in Indonesien ist sie ein Glücksbringer. Wer an einem gewissen Tag Hirse isst, hat das ganze Jahr über genug Geld.

Die Hirsbreifahrt

Die harten, wenig mehligen Hirsekörnchen eignen sich schlecht zur Brotzubereitung, und doch wissen wir, dass sowohl die alten Ägypter als auch die Pfahlbauer den Hirsefladen kannten. In späteren Dokumenten wird sie vor allem als Hirsebrei erwähnt, so zum Beispiel im Jahre 1576, als eine Delegation wackerer Zürcher Helden am Strassburger Schützenfest mit einem heissen Hirsebrei Aufsehen erregte. In einem riesigen Topf war dieser in Zürich gekocht, in heissen Sand vergraben und in 18 Stunden per Schiff den Rhein hinunterspediert worden. Wie staunten die Strassburger, als er ihnen «noch die Lippen brannte». «Sie kommen», sagten die Zürcher, «der Stadt zu zeigen, wenn sie, was Gott vergaum, von Feinden plötzlich überfallen wurd, dass die Nachbarinn Zürich Hilf schicken könn', eh ein Brey kalt werd.»

Von Kartoffeln und Weizen verdrängt

Mit der Verbreitung der Kartoffeln verlor die Hirse immer mehr an Bedeutung. Bald räumte man ihr nur noch einen bescheidenen «Blätz» an der Sonne ums Haus herum oder im Gemüsegarten ein, und was da geerntet wurde, war mehr nur noch für Hühner, Gänse und Ziervögel bestimmt. Heute ist der Hirseanbau in der Schweiz erloschen.

Eine ähnliche bedauernswerte Entwicklung, wie sie bei uns vor gut 100 Jahren stattgefunden hat, scheint sich in unserer Zeit zu wiederholen. Als wärmeliebende, extreme Trockenheit vertragende Pflanze ist Hirse seit langem Hauptkultur und Grundnahrungsmittel Afrikas. Nun ist dieses Sonnenkorn aber je länger je mehr auch den Afrikanern «zu wenig», denn sie möchten, wie die Europäer, Brot (aus Weizen) und (weissen) Reis essen. Die Nahrungsmittelhilfe, oft mit Überschussgetreide aus den Industrieländern geleistet, trägt das Ihre zu diesem Geschmackswandel bei. Heute ist es bereits so weit, dass Hirse als Futtergetreide nach den Industrieländern geht, während amerikanischer und EG-Weizen an die Afrikaner verteilt wird. Der Hirseanbau für die Selbstversorgung wird somit immer weniger attraktiv. Da für Weizen- und Reisanbau das Klima in vielen Gegenden ungeeignet ist, wird Afrika immer weniger fähig sein, sich selbst zu ernähren.

Das Schönheitskorn

Mittlerweile erwacht bei uns die Hirse aus ihrem Dornröschenschlaf und wird als wahrhaftiges Schönheitskorn entdeckt. Ihr hoher Gehalt an Kieselsäure soll die Haare wachsen, Nägel und Zähne kräftig werden und die Haut erblühen lassen. Dreimal täglich Hirse über mehrere Wochen gegessen, könne sogar Hautkrankheiten zum Verschwinden bringen, meint Dr. Udo Renzenbrink in seinem Buch «Die sieben Getreide». Eine solche Kur ist sicher einen Versuch wert, kann sie doch erstens nur guttun und zweitens sehr wohlschmeckend sein. Hirse kann äusserst vielseitig zubereitet werden und eignet sich ganz besonders für Süssspeisen. Hinzu kommt, dass Hirse sehr bekömmlich ist und vor allem den Anfängern unter den Getreideköstlern behagt. Auch bei Gebrechen, bei denen Wärme lindern kann, ist Hirse die richte Rezeptur, sei es als Nahrung oder als warme aufgelegte Hirsesäcklein.

Zotteln und Zapfen

So verbreitet wie die Hirse einmal war, so vielgestaltig tritt sie auch auf. Es gibt Rispenhirse, bei der ähnlich wie beim Hafer die feinen Körnchen an «Zotteln» hängen. Deshalb hiess sie im Volksmund «Zöttelhirs». Daneben gibt es die Kolbenhirse mit am Stengel dicht anliegenden Samen, der «Zapfehirs». Beide Arten kommen in vielen Farben vor, Rot, Gelb, Braun, Schwarz. Jeder afrikanische Stamm soll seine bevorzugte Hirsefarbe haben. Als Speisehirse ist bei uns zurzeit nur die gelbe, die Goldhirse erhältlich.

Grundrezept für Hirse

200 g Hirsekörner
5 dl Wasser
1 Pr. Salz

Die Hirse waschen und mit den übrigen Zutaten zum Kochen bringen. 15 Minuten zugedeckt köcheln lassen. Vom Feuer nehmen und 15 Minuten quellen lassen.

Paprika-Hirsesuppe

2 EL Öl
1 Zwiebel, fein gehackt
100 g Hirseflocken
2 Tomaten, gewürfelt
2 Salbeiblätter, fein
*   geschnitten oder*
*   getrockneter Salbei*
etwas Oregano
1 EL mildes Paprikapulver
Reibkäse

Die Zwiebel im Öl andünsten und Hirseflocken beigeben.

Seite 54/55
Hirse-Eintopf Zaria

Seite 57
Goldplätzchen

1 Liter Bouillon beifügen und 10 Minuten leise köcheln lassen. Tomaten, Kräuter und Paprika beifügen und nochmals 10 Minuten köcheln lassen. Mit Reibkäse servieren.

Hirsesalat mit Rettich

Hirsesalat war für uns eine kulinarische Entdeckung. Dabei ist er einfach und schnell zubereitet. Warm angemacht und mit viel frischen Kräutern mundet er gross und klein.

200 g Hirsekörner
5 dl Wasser
1 Pr. Salz
200 g Sauermilch
3 EL Öl
2 EL Essig
Pfeffer und Salz
1 EL Sojasauce
1 Rettich,
*   grob geraffelt*
je ½ Bund
*   Schnittlauch und*
*   Petersilie*
wenig Maggikraut
*   (Liebstöckl)*

Die Hirse nach Grundrezept zubereiten. Sauermilch, Öl, Essig, Pfeffer, Salz und Sojasauce zu einer sämigen Sauce verrühren. Rettich, Kräuter und gekochte Hirse beifügen, gut mischen und erkalten lassen.

Pikanter Hirsesalat

200 g Hirsekörner
1 TL Bouillon
5 dl Wasser
2–3 dünne Lauchstengel,
*   der Länge nach halbiert*
*   und hauchdünn*
*   geschnitten*
2 Karotten, fein gescheibelt
6 EL Öl
2 EL Essig
1 TL Currypulver
Kräutersalz
fein gehackte Petersilie

Die Hirse nach Grundrezept zubereiten. Öl, Essig und Gewürze verrühren. Die Gemüse beigeben. Gut mit der Hirse vermischen und erkalten lassen. Eventuell mit gekochten Eiern garnieren.

Goldplätzchen

6 Portionen

300 g Hirseflocken
1 Zwiebel
6 dl Bouillon
100 g Reibkäse
2 Eier
fein gehackte oder
*   getrocknete Kräuter*
wenig Salz

Die Zwiebel fein hacken und in wenig Öl glasig dünsten. Mit der Bouillon ablöschen und einige Minuten kochen. Mit den

Flocken vermischen und abkühlen lassen. Eier, Käse und Gewürze unter die Masse ziehen. Runde Plätzchen formen und beidseitig goldgelb braten. **Tip:** Mit einem Eisportionierer Kugeln ins heisse Öl gesetzt und mit einer feuchten Gabel flachgedrückt, gibt schöne regelmässige Portionen.

Hirse-Eintopf Zaria

(Bild Seite 54/55)

Ein einfaches Rezept, das sich bewährt hat.

Butter oder Öl
2 Zwiebeln, in Halbmonde
*   geschnitten*
2 Karotten, in
*   mundgerechte Stücke*
*   geschnitten*
200 g grünes Saisongemüse,
*   z. B. Zucchetti, Fenchel,*
*   Kohl, in grobe Stücke*
*   geschnitten*
100 g Champignons,
*   geviertelt*
200 g Hirse
1 l Wasser
1 Lorbeerblatt
frisch gemahlener Pfeffer
1 TL Salz
Sojasauce zum
*   Abschmecken*

In einem grossen Topf ein Gemüse nach dem andern im warmen Fett andünsten. Die übrigen Zutaten beifügen und zum Kochen bringen. Zugedeckt 20 Minuten köcheln lassen. Abschmecken und 10 Minuten ziehen lassen.

Hirse-Stock

(Hirsepüree/8 Portionen)

Vor 200 Jahren wurde die Hirse von der Kartoffel verdrängt. Jetzt feiert sie ein Comeback, manchmal auf Kosten der Kartoffel, wie in diesem Gericht, das wie Kartoffelstock (Kartoffelpüree) schmeckt, aber weniger Fett und Kalorien enthält. Es lohnt sich, gleich eine grössere Menge «Hirsestock» zuzubereiten, denn er schmeckt auch aufgewärmt sehr fein, zum Beispiel in der Bratpfanne angebräunt oder als «Hirsechüechli» (Hirseplätzchen) oder «Hirsekroketten».

1 TL Öl
1 grosse Zwiebel, gehackt
400 g Hirse
1 mittelgrosser Blumenkohl,
*   in Röschen gebrochen*
1¼ l Wasser
2 TL Salz
etwas Muskat und Thymian

Die Zwiebel im Dampfkocher glasig braten. Die Hirse beifügen und kurz rösten. Den Blumenkohl kurz mitdämpfen. Mit dem Wasser auffüllen und würzen. 15 Minuten unter Druck kochen. Hitze ausschalten und den Druck herunterkommen lassen. Durchs Passevite drehen und wie Kartoffelstock servieren.

Hirse-Chüechli und -kroketten

500 g Hirsestock (Hirsepüree) mit 50 g Vollkornmehl, 1 Ei und Salz zu einem festen Teig verarbeiten. Häufchenweise in die Bratpfanne geben, etwas flachdrücken und beidseitig goldbraun braten oder Kroketten formen und fritieren.

Kürbis-Hirsebrei

(6–8 Portionen)

Ein delikates Gericht, das auch im Winter Farbe auf den Tisch bringt.

300 g Hirsekörner
1 EL Öl
8 dl Wasser
500 g Kürbis, in Stücke
*   geschnitten*
1 TL Salz
1 TL Honig
½ TL Ingwer
1 EL Zitronensaft
1 dl saurer Halbrahm

Die Hirse waschen, in einem Drahtsieb abtropfen lassen und in einem grossen Topf im Öl anrösten, bis sie

gut duftet. Das Wasser
beifügen und zum Kochen
bringen. Kürbis, Salz,
Honig und Ingwer beifügen.
30 Minuten auf kleinstem
Feuer schmoren lassen.
Vom Feuer nehmen und
Zitronensaft und Rahm
daruntermischen. Sofort
servieren als nahrhafte
Beilage zu allem.

Hirse-Soufflé

Auf einem Menü der Basler
Domherren aus dem
12. Jahrhundert figuriert als
achter Gang Hirse mit
Eiern, Milch und Blut
gekocht. Wir haben das Blut
durch Käse ersetzt.

500 g schon gekochte
    Hirsekörner, nach
    Grundrezept zubereitet
1 TL Salz
etwas geriebene
    Muskatnuss
2 dl Milch
100 g geriebener
    Emmentaler
3 Eier, getrennt

Hirse, Salz, Muskat, Milch,
Käse und Eigelb in einer
Schüssel mischen. Das
Eiweiss steif schlagen und
unter die Hirsemasse
ziehen.
In eine Soufflé- oder
Auflaufform füllen und im
vorgeheizten Ofen bei 200°
etwa 30 Minuten backen.
Backprobe machen. Sofort
servieren.

Zitronen-Hirsefladen

Ein ungewöhnlicher
Kuchen mit viel
Geschmack. Eine
vorzügliche Zwischen-
verpflegung für unterwegs.

200 g Hirsekörner
7,5 dl Süssmost
2 EL Birnendicksaft
1 Vanillestengel
1 Tasse (à 2,5 dl) gekochter
    Vollreis *
75 g grob gehackte
    Haselnüsse oder
    Mandeln
2 EL Mohnsamen
2 EL Öl
1 Zitrone, Saft und Schale
½ TL Salz
etwas Muskat
200 g Vollkornmehl

Die Hirse waschen und in
einem Topf rösten, bis sie
ganz trocken ist. Süssmost,
Birnendicksaft und Vanille
beifügen. 15 Minuten
ungedeckt köcheln und
30 Minuten auskühlen
lassen. Vanillestengel
entfernen. Die übrigen
Zutaten in einer Schüssel
vermischen, Hirse und
Süssmost dazumischen. Die
Masse in eine eingefettete

---

* Wenn gerade kein
gekochter Vollreis zur Hand
ist, kann Porridge,
Couscous oder Schrotbrei
verwendet werden.

Kuchenform von 30 cm
Durchmesser geben. Bei
180° etwa 50 Minuten
backen. Erst aus der Form
nehmen, wenn der Fladen
erkaltet ist.

Aprikosen-Hirse-Kuchen

50 g ungeschwefelte
    Dörraprikosen, in kleine
    Stücke geschnitten
2 dl Süssmost
1 EL Kirsch
100 g Butter
2 Eigelb
150 g Birnendicksaft oder
    Honig
150 g Vollkornmehl
100 g Hirseflocken
150 g gemahlene Mandeln
2 TL Backpulver
½ TL Koriander
2 Eiweiss

Die Aprikosen in Süssmost
und Kirsch einweichen.
Butter und Eigelb cremig
rühren. Süssmittel
dazurühren. Mehl, Flocken,
Mandeln, Backpulver und
Koriander vermischen. Die
Eiweiss steif schlagen. Die
Aprikosen mit Saft mit der
Buttermischung verrühren
und mit den Mehlzutaten
vermischen. Zuletzt das
steifgeschlagene Eiweiss
darunterziehen. Die Masse
in eine eingefettete
Springform (∅ 26 cm)
geben und im mittelheissen
Ofen (180°) 35 bis
40 Minuten backen.

DAS GESCHENK DER MAIS-MENSCHEN

«Wenn du nicht mitten im Ozean schwimmst und nichts anhast, dann bist du nicht weit von Mais.»

Aus einer amerikanischen Wochenzeitung.

Grober Maisgriess, Maiskolben, Maiskörner

Polenta, Maisschnitten, Silomais, Futtermais – mit diesen Stichworten erschöpft sich das Wissen über Mais für die meisten von uns. Zwar ist im Tessin das Polentarühren tägliche Meditation, und in Norditalien darf das «Türkenkorn» auch bei feinen Anlässen aufgetragen werden. Ein «way of life», eine Lebensform aber, ist Mais nur in der Neuen Welt.

Mit Mais hat alles angefangen; denn laut dem Mythos der Indianer haben die Götter die ersten brauchbaren Menschen aus Mais geformt, nachdem sich Lehm und Holz als ungeeignet erwiesen hatten. Mais hat die Nachkommen dieser ersten Maismenschen über Jahrtausende genährt und erhalten. Mais haben sie den englischen Siedlern geschenkt, als diese auf dem unbekannten Kontinent fast verhungerten, sie gelehrt, die Samen in die angehäufte Erde zu pflanzen, einen Fisch dazwischen zu vergraben und den Hunden eine Vorderpfote an den Hals zu binden, damit sie diesen ungewöhnlichen, aber wirksamen Dünger nicht ausgraben und fressen konnten.

Der verlorene wilde Mais ...

Vor 9000 Jahren soll er im heutigen Mexiko verbreitet gewesen sein. Viel mehr weiss man nicht über den wilden Mais; denn es fehlt jede Spur des Mais-Ahnen. Von den vielen tausend Sorten, die daraus entwickelt wurden, würde keine mehr ohne das Nachhelfen von Menschenhand wachsen.

Kein Getreide ist mit soviel Hingabe verbessert worden wie der Mais, und wenn heute die Maiskolben so auffallend grösser sind als andere Getreideähren, so ist dies vor allem das Verdienst der Maismenschen und ihrer züchterischen Sorgfalt. Die ersten Funde von Maiskolben waren keine 2½ cm lang. Während der Hochkultur der Maya erreichten sie bereits 8 bis 10 cm, und moderne Maiskolben haben eine Länge von 16

bis 20 cm. Es gelang auch, Mais in den vier heiligen Indianerfarben hervorzubringen: Gelb, Rot, Blau (Schwarz) und Weiss. Jeder Stamm und jede Gegend hatte die für sie geeignete Sorte, solche, die im kurzen nördlichen kanadischen Sommer gediehen, und andere für die Tropengegenden Mittel- und Südamerikas. Dass die züchterische Leistung von Generationen mehr und mehr den dünger- und pestizidabhängigen Hochleistungs- und Einheitssorten weichen muss und «die Arbeit von Jahrtausenden in einer Schale Brei verschwinden kann», wie ein Maisexperte sich ausdrückte, kann ohne Übertreibung als eine der Zeitbomben bezeichnet werden, die heute auf unserem geplagten Planeten ticken.

... und was daraus geworden ist

Während im ausgehenden 19. Jahrhundert jeder Amerikaner noch jährlich 110 Pfund Mais verspeiste, sind es heute noch ganze sechs Pfund. Um so grössere Tonnagen wandern in die Futtertröge. Was nicht von Menschen und Tieren verspeist wird, findet Verwendung in der Industrie, in der Herstellung oder als Teil von Textilien, Papier, Leim, Zündhölzern, Tabletten, Farben, Explosivstoffen, Gummi und Plastik. Deshalb ist man in Amerika, und wohl auch in den übrigen Industrieländern, «nie weit von Mais». Das wichtigste Grundnahrungsmittel der Indianer, das Geschenk der Maismenschen, ist zum Rohstoff geworden, zum Spekulationsobjekt auf dem Weltmarkt des weissen Mannes.

Mais und Niacin

Wie wir gesehen haben, war Mais noch Anfang dieses Jahrhunderts auch in der Ernährung der europäischen Einwanderer von grosser Bedeutung. Besonders die ärmeren

Leute in den Südstaaten der USA assen täglich grosse Mengen von Mais, sogenanntes «hominy». Die Maiskost, auf der die Maismenschen Kulturen aufgebaut hatten und von der viele Stämme fast ausschliesslich gelebt und überlebt hatten, schien den Europäern plötzlich nicht mehr zu bekommen. Rohe Haut, «pelle agra», war das auffälligste Symptom von Pellagra, einer Krankheit, die meist tödlich endete und in den 20er und 30er Jahren manchmal epidemische Formen annahm. Auch in Italien, Teilen Südindiens und Südafrikas, wo Mais einheimische Getreidearten verdrängt hatte, wütete die Pellagra. Medizin und Ernährungswissenschaft standen vor einem Rätsel. Dass die schon seit dem 19. Jahrhundert bekannte, für die Ernährung aber als unbedeutend erachtete Nikotinsäure etwas mit Pellagra zu tun hatte, fand man erst nach Jahren intensiver Forschung heraus.

Nikotinsäure, später Niacin oder Vitamin B$_3$ genannt, um Verwechslungen mit dem Nikotin des Tabaks zu vermeiden, fehlte in den Diäten der Maisesser. Zwar ist der Körper imstande, Niacin selber herzustellen.

Dazu bräuchte er Tryptophan, einen Eiweissbaustein (Aminosäure), von dem im Mais nur wenig enthalten ist und den die armen Leute aus ökonomischen Gründen nicht aus tierischen Produkten wie Fleisch und Milch beziehen konnten. Ausserdem weist Mais beträchtliche Mengen Niacin auf, aber in gebundener Form, die der Körper nicht aufnehmen kann. Nicht vergebens hatten die Indianer die ersten Siedler gelehrt, den Mais zusammen mit Holzasche oder Steinmehl zu kochen (siehe Rezept für «Grundteig»). Diese basische Kochlösung macht das gebundene Niacin für den Körper zugänglich. Die jahrtausendealte Weisheit der Maiszubereitung wurde übergangen, als eine von Weissen eingeführte Industrie anfing, den Mais zu entkeimen und zu mahlen und als schnellkochendes, bequemes Griess auf den Markt zu bringen. Dieser Mangel wurde später ausgeglichen, indem die meisten modernen Maisrezepte mit Weizenmehl «angereichert» wurden. Damit ging leider auch viel von ihrer Ursprünglichkeit und dem feinen «Nur-Mais-Geschmack» verloren.

Grundteig für Tortillas und Arepas

(Die echte Maiszubereitung)
8–10 Portionen

In Mitteleuropa, wo Mais kaum als tägliches Getreide gegessen wird (höchstens von unsern Masttieren), besteht das Risiko eines Niacin-Mangels nicht. Trotzdem möchte ich hier die echte Maiszubereitung vermitteln, nicht nur, weil sie gesünder ist, sondern auch, weil sie mundet.
Cheminéebesitzer oder Leute, die hie und da im Freien ein Feuer machen, können sich die Holzasche so besorgen. Sie sollte möglichst frei sein von Papier und Abfällen und möglichst aus Hartholz stammen. Urgesteinsmehl wird im Garten verwendet und ist in Geschäften, die mit Gartenartikeln handeln, erhältlich, allerdings nur in 10-kg-Packungen. Hier muss man sich mit einem Gartenbesitzer zusammentun. Es muss reines Urgesteinsmehl sein, ohne Zusätze.

500 g ganze Maiskörner
1½ l Wasser
½ Tasse reine
  Hartholzasche in
  einem
  Baumwollsäcklein
  oder 2 EL
  Urgesteinsmehl

Den Mais über Nacht einweichen. Am nächsten Tag Asche oder Steinmehl beifügen und während 1 Stunde im Dampfkochtopf kochen. Den Druck herunterkommen lassen, Aschesäcklein entfernen und die Maiskörner in ein Salatsieb giessen und gut spülen. Wenn Steinmehl verwendet wird, den Mais mehrere Male in handwarmem Wasser waschen und kräftig zwischen den Händen reiben. Im Salatsieb abtropfen lassen und die Körner durch den Fleischwolf (feinste Einstellung) oder eine Stahlmühle drehen. Diese Masse lässt sich jetzt gut formen.

Tortillas

1 Handvoll Grundteig pro
  Tortilla

Mit bemehlten Händen handtellergrosse Fladen formen und diese mit viel Mehl so dünn wie möglich auswallen. Eine Eisenpfanne gut erhitzen. Ohne Fett die Tortillas auf beiden Seiten ½ bis 1 Minute backen. (Tortillas können auch über einem offenen Feuer gebacken werden.) Möglichst heiss zu Chili oder einem pikanten Gericht, z. B. Guacamole (Avocadoaufstrich) reichen. Oder veranstalten Sie mit Ihren hausgemachten Originaltortillas eine

Mexikanische Fiesta

mit **Tacos** (Mexikanische Supersandwichs)

Tortillas (nach obigem
  Rezept zubereitet)
Frijoles (Rezept Seite 67)
geriebener Käse
Avocadostücke
Salatblätter, in Streifen
  geschnitten
Tomatenscheiben
Peperoni, (BRD: Paprika),
  in Streifen geschnitten
Zwiebelringe
Chili-Sauce (Rezept
  Seite 67)

Seite 64/65
Mexikanische Fiesta

Die Tortillas laufend frisch backen. Jeder füllt sich seine Tacos selber, und zwar mit den obigen Zutaten in der angegebenen Reihenfolge. Dann werden sie in der Mitte überschlagen und als Sandwich «von Hand» oder mit Messer und Gabel genossen.

Frijoles

(Bohnenpaste)

400 g Borlotti- oder
*   Indianerbohnen*
Wasser
Butter oder Öl
1 grosse Zwiebel,
*   fein gehackt*
1 Knoblauchzehe,
*   fein gehackt*
1 Lorbeerblatt
Koriander
Kreuzkümmel
1 Pr. Cayennepfeffer
Salz

Die Bohnen waschen und in viel kaltem Wasser über Nacht einweichen. Das Einweichwasser abgiessen und die Bohnen nochmals gut spülen. Mit frischem Wasser auffüllen, bis die Bohnen bedeckt sind. Zum Kochen bringen und zugedeckt 1½ bis 2 Stunden (im Dampfkochtopf 45 Minuten) weichkochen. Zwiebel und Knoblauch in der Bratpfanne im Fett glasig braten. Die Bohnen

mit einer gelochten Kelle aus dem Saft nehmen und unter Rühren mitbraten. Wenn sie eintrocknen, Saft zugeben. Würzen und salzen. Die Bohnen braten, bis aller Saft aufgebraucht ist. Die Frijoles sollten musig, aber nicht zu trocken sein.

Chili-Sauce

1 EL Olivenöl
1 EL Honig
3 EL Wasser
3 EL Essig oder
*   Zitronensaft*
2 EL Tomatenpüree
1 Knoblauchzehe, gehackt
1 Zwiebel, grob gehackt
3 Tomaten, grob geschnitten
1 TL Kreuzkümmel
1 scharfe Pfefferschote oder
*   1 TL Chilipulver*
1 TL Salz
½ TL Koriander
¼ TL Cayennepfeffer

Alle Zutaten im Mixer pürieren, bis eine fast glatte Sauce entsteht. Zu Tortillas, Arepas und Bohnengerichten servieren. «Chili-Sauce» kann man im Kühlschrank mehrere Wochen aufbewahren. Sie kann auch in kleinen Mengen als Gewürz dienen.

Arepas

sind in Südamerika das tägliche Brot.

1 Handvoll Grundteig pro
*   Arepa*

Plätzchen formen und in der Bratpfanne mit Deckel 5 Minuten, dann ungedeckt nochmals 5 Minuten braten. Arepas schmecken auch vorzüglich fritiert. Das Grundrezept kann mit verschiedenen Zutaten verfeinert werden:

200 g Sesamsamen oder
*   Sonnenblumenkerne,*
*   geröstet und gemahlen.*
fein geschnittene,
*   gedünstete Zwiebel,*
*   Knoblauch oder Peperoni*
*   (BRD: Paprika)*
scharfe Pfefferschoten,
*   fein gehackt*

Wie oben formen und braten. Arepas können auch im Ofen oder auf dem offenen Feuer gebacken werden.

Polenta

Mais ist eine sehr anfällige Pflanze, und für Anbau und Lagerung werden grosse Mengen von Kunstdünger und Pestiziden eingesetzt. Ferner werden bei seiner Verarbeitung zu Griess wertvolle Teile des Keims und der äusseren Schale entfernt. Wie schon erwähnt, gibt es auch weisse Maissorten. Viele Maiskenner sind des Lobes voll über seinen subtilen Geschmack. Tatsache aber ist, dass der Vitamin-A-Gehalt von gelbem Mais wesentlich höher ist und dass im allgemeinen erwartet wird, dass Mais goldgelb leuchtet. Deshalb wird handelsübliches Maisgriess oft gefärbt.

Aus diesen Gründen ist es unbedingt empfehlenswert, Mais aus biologischem Anbau zu kaufen. Im Reformhaus oder Bio-Laden kann man die ganzen Körner auf die gewünschte Feinheit mahlen lassen. Im Tessin wird Polenta so zubereitet, dass ein Teil vom Mais erst gegen Ende der Kochzeit beigegeben wird, so dass im cremig gerührten Brei noch harte Körnchen mit Biss enthalten sind. Da Maismehl nie so gleichmässig wie Griess ist, entsteht daraus ohne unser Dazutun eine echte Tessiner Polenta.

200 g Maismehl,
  frisch gemahlen oder
  Maisgriess
7,5 dl Wasser
1 Pr. Salz
Milch, Butter, geriebener
  Parmesan oder Sbrinz,
  nach Belieben

Wasser und Salz zum Kochen bringen. Vom Feuer nehmen und den Mais einrühren. Unter häufigem Rühren auf kleinem Feuer 20 bis

30 Minuten köcheln lassen. Jetzt kann man noch mehr Wasser oder auch Milch beifügen und weiterkochen und -rühren. Je länger sie gekocht wird, desto cremiger wird die Polenta. Wenn gewünscht, vor dem Servieren mit Butter oder geriebenem Käse verfeinern.

Maispizza

7,5 dl Wasser
1 TL Salz
200 g Mais oder Maisgriess
Olivenöl
1 grosse Zucchetti, in feine
  Scheiben geschnitten
Kräutersalz
1 Knoblauchzehe,
  fein gehackt
1 Zwiebel, in Ringe
  geschnitten
3–4 Tomaten, in Scheiben
frische Kräuter, fein gewiegt
100–150 g Käse, in feinen
  Scheiben oder gerieben

Wasser und Salz zum Kochen bringen. Vom Feuer nehmen und den Mais einrühren. Unter häufigem Rühren bei schwachem Feuer 20 bis 30 Minuten köcheln lassen. Auf ein eingefettetes Backblech von 30 cm Durchmesser streichen. In einer Bratpfanne die Zucchetti in Olivenöl andünsten. Herausnehmen, auf den Mais verteilen und mit Kräutersalz bestreuen.

Etwas mehr Öl in die Pfanne geben und Knoblauch und Zwiebel glasig braten. Über die Zucchetti geben. Abwechslungsweise Tomaten, Kräuter und Käse darüber verteilen. Zuoberst sollten ein paar Tomatenscheiben sein. Bei guter Hitze überbacken, bis der Käse schmilzt.

Maisgnocchi

200 g Maismehl oder feiner
  Maisgriess
7,5 dl Wasser
Salz
2 Eier, verquirlt
2 dl Milch
Reibkäse, Butterstücke

Mit Mais, Wasser und 1 Prise Salz eine Polenta nach Grundrezept zubereiten. Auf einem nassen Brett oder Blech ausstreichen und erkalten lassen. In verschobene Vierecke schneiden und diese in eine bebutterte Gratinform schichten. Eier, Milch und 1 Prise Salz zusammen verrühren. Über die Gnocchi in der Form giessen und mit Käse und eventuell mit Butterflocken bestreuen. 35 bis 40 Minuten im mittelheissen Ofen überbacken.

Süsse Variante mit Zimt: Anstelle von Käse die Gnocchi mit Zimt und Vollrohrzucker bestreuen.

Rheintaler Ribel

6–8 Portionen

Im St. Galler Rheintal wird diese Spezialität mit weissem Mais zubereitet.

1 EL Butter
9 dl Milchwasser
350 g feines Maisgriess oder
* -schrot*
50–80 g Butter

In einem dickwandigen Topf 1 EL Butter zergehen lassen. Wasser eingiessen und zum Kochen bringen. Den Mais in einem Strahl einrühren und langsam einkochen lassen bis er ganz fest ist. Ganz erkalten lassen. (Am besten am Vortag kochen.) Den erkalteten Mais in der restlichen Butter unter Wenden und stetem Zerteilen braten, so dass er körnig und locker wird. Bratdauer ca. ½ Stunde. Traditionsgemäss wird «Ribel» süss mit Zimtzucker gegessen. Reichen Sie ihn also mit Vollrohrzucker, Zimt und Kompott. Er schmeckt aber auch zu Würzigem.

Silomais und Körnermais

Der Mais stehe schon hoch, bald werde er geschnitten und die Stoppelfelder kündeten das Ende des Sommers an. Diese nostalgische Betrachtung, gelesen in einer schweizerischen Tageszeitung, könnte vermuten lassen, dass der Maisanbau in unseren Breitengraden eine lange Tradition hat. In Wirklichkeit wurden erst vor gut 30 Jahren die ersten zaghaften Anbauversuche nördlich der Alpen gemacht. Die Skepsis war gross. Mais sei doch eine wärmeliebende Pflanze und nichts für unser rauhes Klima. Intensive Forschung und wohl auch die Anpassungsfähigkeit dieses Korns zeitigten so grossen Erfolg, dass es heute bis in die Bergzonen hinauf angepflanzt wird und die Bauern aus 37 Sorten auswählen können. Auf mehr als einem Fünftel der offenen Ackerfläche steht in der Schweiz alljährlich Mais. Hier muss allerdings eingeschränkt werden, dass Mais nur im Flachland ausreift und zu Körnermais verarbeitet werden kann. In Höhenlagen wird er als Silomais geschnitten, mit dem Maishäckler verschlagen und im Futtersilo gegärt. Ob Körner- oder Silomais, beide sind in unserem Land ausschliesslich Tierfutter. Nur ein paar Bauern im Tessin und im Bündnerland pflegen noch Mais, der in der Pfanne und nicht im Futtertrog landet.

Der überbordende Futtermaisanbau, die «Vermaisung» der Landschaft, hat einen hohen ökologischen Preis. Der stark zehrende Mais schädigt die Böden und fördert ihre Verdichtung. In solchen Äckern wird das Wasser immer weniger zurückgehalten und fliesst manchmal oberflächlich so schnell ab, dass auch von dieser Seite die Überschwemmungsgefahr vergrössert wird. Die Erosion wird in Schräglagen gefördert. Die mit Herbiziden «versiegelten» Maisfelder sind zwischen den einzelnen Pflanzen kahl, so dass die reichen Düngergaben oft ins Grundwasser gelangen. Würde man sich auf den Körnermaisanbau, der für den menschlichen Genuss bestimmt ist, beschränken, gäbe es keine Umweltprobleme durch den Mais.

Indianerpudding

100 g feines Maismehl
100 g Vollrohrzucker
   (Sucanat oder Panela)
1 Pr. Salz
¼ TL Backpulver
7,5 dl Milch
2 EL Butter oder gutes Öl
1 Ei
1 TL Zimt
½ TL Ingwerpulver
1 Messerspitze Muskat
Rahm, nach Belieben

In einem Topf Mais, Zucker, Salz und Backpulver mischen. 4 dl Milch und die Butter dazurühren. Unter Rühren zum Kochen bringen. Vom Feuer nehmen. Das Ei, 3,5 dl Milch und die Gewürze mischen und in den Mais rühren. In eine Auflaufform giessen und bei mässiger Hitze backen, bis ein Messer, in die Mitte des Puddings gesteckt, sauber herauskommt (ca. 1½ Std). Noch heiss in Schälchen servieren und nach Belieben flüssigen Rahm dazureichen oder erkaltet mit Schlagrahm garnieren.

Amerikanisches Maisbrot

In Amerika wird Maisbrot warm mit Butter und Ahornsirup gegessen. Es schmeckt aber auch einfach so.

300 g Maismehl
150 g Vollkornmehl
2 TL Backpuler
1 TL Salz
1 Messerspitze Koriander
1 Pr. Cayennepfeffer, nach
   Belieben
2 Eier
4 EL Öl oder Butter
4 EL Honig oder Ahornsirup
5 dl Milch

Die Mehle, Backpulver, Salz und Gewürze in einer Schüssel vermischen. Die übrigen Zutaten schaumig rühren und schnell unter die Mehlmischung heben. In eine grosse oder 2 kleine eingefettete Cakeformen, oder besser noch eine viereckige Kuchenform, giessen und bei mittlerer Hitze 40 bis 45 Minuten backen. Den Backofen ausschalten und noch ca. 10 Minuten darin «trocknen» lassen.

Maiskuchen

50 g Baumnüsse (Walnüsse)
150 g Maismehl
150 g Vollkornmehl
2 TL Backpulver
1 Pr. Salz
2 EL Honig oder
   Vollrohrzucker
2 Eier
2,5 dl Nature-Joghurt oder
   Milch
3 EL Öl
3–4 EL Konfitüre (am
   besten Aprikosen)
Vollrohrzucker

Den Backofen einschalten, die Nüsse auf ein Blech verteilen und einige Minuten rösten. Mehle, Backpuler und Salz in einer Schüssel mischen. Süssmittel, Eier, Joghurt und Öl schaumig schlagen. Die Nüsse grob hacken. Alles sorgfältig unter die Mehlmischung heben. In eine Kuchenform von etwa 24 cm Durchmesser geben. Die Konfitüre über den Teig löffeln und den Vollrohrzucker darüberstreuen. Bei guter Hitze 20 bis 30 Minuten backen. Dieser Kuchen schmeckt warm oder kalt.

Zuckermais

Zuckermais vereinigt fast alle lukullischen Genüsse auf sich. Er ist süss (sein Zuckergehalt entspricht dem der Banane), saftig, nahrhaft, und das Abknabbern vom Kolben kann sogar Gelüste nach weniger vegetabilen Schlemmereien (Fleisch ab Knochen) befriedigen. Auch Zuckermais hat seine Geschichte. Irgendwann in der Geschichte des Maisanbaus gelangte infolge eines genetischen Defekts ein Maiskolben nicht zur Reife. Die Zuckerstoffe wandelten sich nicht vollständig in Stärke um, und die Körner blieben viel länger süss und zart.

Diese Eigenschaften schienen den indianischen Züchtern erhaltenswert, und sie vermehrten diese Mutation.

Zuckermais stellt etwas höhere Ansprüche an Boden, Klima und Pflege als Körnermais; aber die Saatsorten, die heute bei uns angeboten werden, gedeihen in den meisten Gärten. Ein Versuch lohnt sich; denn Zuckermais ist noch längst nicht überall erhältlich und relativ teuer. Er schmeckt um so besser, je frischer er auf den Tisch kommt. Kolben, die schon tagelang in Plastik einge-wickelt, ihrer natürlichen Hülle enthoben, auf dem Supermarktgestell gelegen haben, werden von Kennern auch dort liegen gelassen. Das Maiskolben-knabbern ist eine Sommer-freude, die jeweils vom August bis in den Oktober hinein dauert.

Normalerweise essen wir Zuckermais anstelle von Salat, als Vorspeise oder als Hauptgericht, wenn noch eine herzhafte Suppe oder ähnliches auf dem Menü steht.

Zubereitung – 1. Art
Wasser
wenig Salz
frisch geerntete
*   Zuckermaiskolben*

Wasser und Salz in einem weiten Topf zum Kochen bringen. Die Blätter von den Kolben abziehen und den Seidenbart entfernen. Waschen ist meist nicht nötig. Ins kochende Wasser geben. Wieder aufkochen lassen und je nach Frische und Zartheit der Körner 3 bis 15 Minuten zugedeckt köcheln lassen. Aus dem Wasser nehmen, abtropfen lassen und heiss servieren mit *Butter, Kräutersalz oder Sojasauce.*

Frische Kolben schmecken auch ohne jede Zutat und Würze.

Zubereitung – 2. Art
Zuckermaiskolben
gutes Öl oder Butter
Sojasauce oder Salz

Die Kolben wie oben vorbereiten. In der Bratpfanne bei mässiger Hitze rundum im Fett andünsten. Würzen. Zuckermais kann auch auf dem offenen Feuer grilliert werden. Mit dem Fett bestreichen und am Schluss würzen.

Popcorn

Ein «Muss» für die Kinderparty.

So modern und «poppig» uns das Popcorn anmutet, so alt und traditionsgeladen ist es. Popcorn war eine der ersten kultivierten Mais-sorten, und man nimmt sogar an, dass der heute verschwundene «wilde Mais» eine Popcornart war. Die Inkas schmückten ihre Toten damit, und heute ist Popcorn billige und originelle Christbaum-dekoration. Wie Perlen ziehen die amerikanischen Kinder die barocken Formen auf einen Faden auf. Das Charakteristische am Popcorn ist seine undurchlässige, zähe Haut. Wenn sich unter starker Hitzeeinwirkung die im Korn enthaltene Feuchtigkeit ausdehnt, kann sie nur mit Gewalt entweichen. Das Korn explodiert. Deshalb braucht es zur Zubereitung nichts anderes als Popcorn und Hitze.

So wird's gemacht: Einen Topfboden nicht zu dicht mit Körnern bestreuen, zudecken und unter häufigem Schütteln den Topf erhitzen. Nach ein paar Minuten fangen die Körner zu platzen an und schiessen gegen den Topfdeckel. Auch jetzt gut schütteln. Wenn das «Trommelfeuer» nachlässt, den Topf vom Feuer nehmen und sofort in eine grosse, bereitstehende Schüssel leeren. Das Popcorn ist jetzt essbereit. Nach Wunsch kann es noch mit Kräutersalz, Sojasauce (in Tropfen), heisser Butter oder Vollrohrzucker verfeinert werden.

REIS
DAS GETREIDE
DER
WEISEN

«Sei fruchtbar wie das Reisfeld,
wahrlich, sei reich
an guten Taten. Denn das ist
das beste Feld, welches dem Sämann
die reichste Frucht bringt.»

*Die Fragen des Königs Milinda an den Weisen
Nagasena.*

Reisähren, Langkornreis,
Rundkornreis

Ein «Bhikshu» (buddhistischer Mönch) muss die drei guten Eigenschaften des Reisfeldes haben: Die Kanäle, die das Wasser zum Reisfeld der buddhistischen Lehre leiten. Die Verbauungen, die das Wasser zurückhalten, bis die Frucht reift. Sie sind das rechte Leben, welches die Tugend aufrechterhält. Und wie das Reisfeld das Herz des Bauern mit Freude erfüllt, wenn es Früchte bringt, so muss der «Bhikshu» fruchtbar sein und die Herzen der andern beglücken.

Buddhistische Weisheit und Reiskultur sind eng verwoben. Beide haben ihre Wiege im nördlichen Indien, und zusammen haben sie sich in frühester Zeit über ganz Ostasien verbreitet. Lange hatte man geglaubt, die Chinesen seien die ersten Reisbauern gewesen; denn dort zählte Reis schon vor 5000 Jahren zu den fünf heiligen Kulturpflanzen. Die besten Körner wurden alljährlich vom Kaiser eigenhändig in einem wichtigen religiösen Zeremoniell ausgesät. Im Reich der Mitte haben Hirsebauern und Reisbauern zu einem Volk zusammengefunden.

Pilaf, Paella, Risotto

Alexander der Grosse brachte kleine Mengen von Reis von seinen indischen Feldzügen nach Europa. Aber es blieb lange bei dieser ersten «Mustersendung». Es war den Arabern vorbehalten, Jahrhunderte später das Korn des Fernen Ostens den Europäern schmackhaft zu machen. Die Spanier waren die ersten europäischen Reisesser und machten aus der «Paella» (was nichts anderes als Pfanne heisst) ein Nationalgericht. Bald wurde Reis auch auf den Feldern (Poebene) und in den Kochtöpfen Italiens heimisch. Der Risotto wurde erfunden. Eine ähnliche Zubereitung mit vielen Abwandlungen heisst weiter ostwärts «Pilaf». Es hat seinen Ursprung möglicherweise ebenfalls in Indien.

Dank seinem ausgewogenen Geschmack und den guten Kocheigenschaften ist Reis in Ost und West ein Liebling der Küchenchefs. Kein Kochbuch, das etwas auf sich hält, das nicht ein Kapitel mit Reisgerichten oder zumindest ein paar Reisrezepte aufzuweisen hätte. Sie bringen heute noch einen Hauch von Exotik in unsere Küchen. Deshalb erstaunt es, dass der Reisanbau einmal bis nach England gedrungen sein soll, zu einer Zeit, als unsere Flüsse noch freien Lauf hatten und Sümpfe und Moore auch «ungeschützt» lebten. Wie wir eingangs gesehen haben, braucht Reis viel Wasser. Zum guten Gedeihen muss er während eines Grossteils der Wachstumszeit mehrere Zentimeter im Wasser stehen. An Abhängen halten Terrassenverbauungen die kostbare Flut auf den Feldern zurück.

Die Reise nach Amerika

Fast zufällig fand Kulturreis den Weg nach der Neuen Welt. Ein spanischer Kapitän soll mit seinem lecken Frachtschiff von amerikanischen Küstensiedlern gerettet worden sein. Als Dank gab er ihnen ein paar Säcke spanischen Reis, der im feuchtheissen Klima der Südstaaten ausgezeichnet gedieh. Heute bestreiten die USA 20% des Welthandels, aber nur 2% der Weltproduktion von Reis. Die Amerikaner sind keine grossen Reisesser. Sie exportieren ihre Ernte. In traditionellen Reisgegenden jedoch wird dieses Getreide vor allem für den Eigenbedarf angebaut und kommt gar nie auf den Tisch der Händler. Solcher Reis wird nach althergebrachter Methode in Handarbeit und mit geduldiger Mithilfe von Wasserbüffeln kultiviert. Nur der Exportreis aus reicheren Ländern ist ein Produkt des Maschinenzeitalters und der grünen Revolution. Unsere europäischen Reiskammern sind hauptsächlich Italien und Südfrankreich.

Das wichtigste Nahrungsmittel der Welt

Reis ist das wichtigste Nahrungsmittel der Welt. Würde man alle Nahrung, die auf der Welt verspeist wird, auf einen gigantischen Teller aufhäufen, so nähme der Reis den grössten Platz ein. 21 Prozent von allem, was Menschen täglich essen, ist Reis, gefolgt von Weizen (20%) und Fleisch und andern tierischen Produkten (11%). Kartoffeln und Knollenfrüchte machen 7% aus. Für mehr als die Hälfte aller Erdenbewohner ist Reis wichtigstes Grundnahrungsmittel. Mehr als ein Pfund davon sollen viele täglich verspeisen. Wenn wir «den *Brotkorb* höher hängen», hängt der Asiate den *Reiskorb* höher, und während wir «unser *Brot* verdienen», verdient er den *Reis*. In vielen asiatischen Sprachen ist Reis Synonym für Nahrung.

Reis enthält zwar weniger Eiweiss als zum Beispiel Weizen. Dafür ist dieses leicht abbaubar und kann vom Körper gut aufgenommen werden. Daneben weist Reis fast alle lebenswichtigen Nährsubstanzen in ausgewogener Form auf. Deshalb eignet er sich besonders gut als Diät- und Krankenkost und ist eine ideale Kindernahrung. Als Wasserpflanze vermag er in wunderbarer Weise den Wasserhaushalt des Körpers zu regulieren. Alle positiven Eigenschaften kommen nur im ganzen Reiskorn voll zum Tragen. Nun sind aber im Vollreis oft Rückstände von Umweltgiften und Pflanzenschutzmitteln gefunden worden. Es ist deshalb besonders wichtig, Vollreis aus biologischem Anbau zu kaufen. Er ist zwar teurer, aber dafür meist auch merklich besser im Geschmack. Im Handel sind Rundkorn- und Langkorn-Sorten erhältlich. Rundkornreis ist würzig und aromatisch, langkörnig ist er mild, süss und etwas weicher.

Wilder Reis

Der wilde Reis ist ein entfernter Verwandter vom Kulturreis, ein Sumpfgras, welches in Nordamerika, China und Japan wild wächst. Es ist bis heute nicht gelungen, wilden Reis zu kultivieren. Früher war er Grundnahrungsmittel der Chippewa-Indianer, heute bildet der Verkauf von wildem Reis eine wichtige Einkommensquelle für dieses Volk. Leider ist es nicht ganz leicht, in Europa reinen wilden Reis zu finden. Meist ist er mit viel gewöhnlichem Vollreis gestreckt und unerwünschten Geschmackszutaten versetzt, so dass er den hohen Preis nicht wert ist.

Grundrezept für Vollreis

8 Portionen

Wegen der langen Kochzeit verzichten viele Leute auf den Genuss von Vollreis.
Andere finden ihn entweder zu körnig oder zu pappig (je nachdem, was beim Kochen falsch gemacht wurde). Im Dampfkochtopf zubereitet, ist auch der Vollreis essbereit, wenn wir den Salat angemacht oder das Gemüse gerüstet und gekocht haben. Ausserdem kann Reis auf Vorrat gekocht werden. Am besten wird er nur im Wasser mit ganz wenig Salz gekocht. Fügt man gleich zu Anfang viel Salz oder salzhaltige Zutaten bei, so bleibt er auf immer körnig. Also erst salzen, wenn die Körner aufgeschlossen sind (siehe Risotto-Rezept).

Seite 76/77
Sushi
Fritierte Sushi

Die Wassermenge ist wichtig: Den Reis nur mit soviel Wasser aufsetzen, wie die Körner aufnehmen können (nie Reiswasser abschütten). Es ist möglich, Wasser während des Kochens hinzuzufügen – am besten heisses. Vollreis sollte auch nicht in Milch gekocht werden. Die Milch erst zum gekochten Reis geben (siehe Rezept für Milchreis).
In der Regel sollte Reis während des Kochens nicht gerührt werden, da er sonst pappig wird.

400 g Vollreis
9 dl Wasser
1 Pr. Salz

Den Reis waschen und alle Zutaten in einem Topf zum Kochen bringen. Hitze auf klein schalten und den Topf gut schliessen.
45 Minuten köcheln und etwa 10 Minuten nachquellen lassen.
Oder alle Zutaten in den Dampfkochtopf geben.
25 Minuten unter Druck kochen. Hitze ausschalten und den Druck herunterkommen lassen (etwa 10 Minuten).

Kreolischer Reissalat

Eine gelungene Mischung für Liebhaber von Süss-Saurem und Exotischem.

½ TL Senf
4 EL Öl
2 EL Essig
2½ EL Sojasauce
3 EL Orangensaft
1 Pr. Cayennepfeffer
¼ TL Ingwer
400 g schon gekochter Vollreis, nach Grundrezept zubereitet, wenn möglich noch warm
100 g Karotten, grob geraffelt
2 gedörrte Bananen, fein gescheibelt
3 Handvoll Kernels (Cashews), geröstet und gespalten

Senf, Öl und Essig verrühren. Sojasauce, Orangensaft und Gewürze dazurühren. Die übrigen Zutaten daruntermischen und erkalten lassen.

Der gestürzte König

(Bild auf dem Buchumschlag)
8 Portionen

300 g Vollreis
100 g Roggenkörner
9 dl Wasser
Salz
4 EL Butter oder Öl

1 grosse oder 2 mittlere
   Zwiebeln, fein gehackt
1 EL fein gewiegte
   Salbeiblätter oder 1 TL
   getrockneter Salbei
150 g Baumnüsse,
   grob gehackt
1 Messerspitze Muskat

Vollreis und Roggen
zusammen nach
Grundrezept für Vollreis
zubereiten. Das Fett in einer
Bratpfanne erwärmen und
die Zwiebeln darin glasig
braten. Baum(Wal-)nüsse,
Gewürze und Salz zugeben
und 5 Minuten bei
schwacher Hitze braten. In
eine eingefettete Ringform
verteilen und mit dem
gekochten Roggen-Reis
auffüllen. Mit feuchten
Händen gut anpressen.
Stürzen und mit
gedämpftem Gemüse
füllen.

Marroni-Reis

500 g frische Kastanien
400–500 g schon gekochter
   Vollreis, nach
   Grundrezept zubereitet
Butter
Parmesan oder Sbrinz,
   gerieben

Die Kastanien auf der ge-
wölbten Seite einritzen und
waschen. Tropfnass in eine
schwere Bratpfanne mit
Deckel geben. Zugedeckt
10 Minuten bei guter und
20 bis 30 Minuten bei

kleiner Hitze rösten. Die
Pfanne von Zeit zu Zeit
schütteln. Die Marroni
schälen. Nach Wunsch
halbieren oder vierteln.
Etwas Butter in der Pfanne
erwärmen und die Marroni
darin wenden. Den Reis
beifügen und alles gut
mischen. Heiss, mit Käse
bestreut, servieren.

Risotto al Funghi

(Risotto mit Pilzen)
6 Portionen

Schon die Kochdüfte
bringen feinste italienische
Küche ins Haus.

30 g getrocknete Steinpilze
300 g Rundkorn-Vollreis
3 EL Olivenöl
1 Knoblauchzehe, fein
   gehackt
1 Zwiebel, fein gehackt
7 dl Wasser
Würzkonzentrat nach
   Geschmack (etwa 2 TL)
1 Zweiglein Thymian
frisch gemahlener Pfeffer
wenig fein gehackte
   Petersilie
geriebener Parmesan oder
   Sbrinz

Die Pilze in einem Glas-
oder Porzellangeschirr in
warmem Wasser
einweichen. Den Reis in
einem Drahtsieb spülen und
abtropfen lassen. Das Öl in
einem schweren Topf
erwärmen. Knoblauch und
Zwiebeln darin andünsten

und dann den Reis einige
Minuten mitrösten. Mit
dem Wasser ablöschen.
Zum Kochen bringen und
zugedeckt 20 Minuten
köcheln lassen. Die
abgetropften Pilze, Würze,
Thymian und Pfeffer
beifügen. So wenig wie
möglich rühren. Zugedeckt
bei kleinster Hitze
30 Minuten garen. Vom
Feuer nehmen und 10 bis
15 Minuten nachquellen
lassen. Mit Petersilie
bestreut und Parmesankäse
servieren. Ergibt zusammen
mit einem knackigen Salat
eine perfekte Mahlzeit.

Spanakorizo

(Griechischer
Spinat-Reis-Eintopf)

Olivenöl oder Butter
2 Knoblauchzehen, fein
   gehackt
500 g Spinat, in grobe
   Stücke geschnitten
1 Bund Dill, fein geschnitten
Kräutersalz
Pfeffer
Zitronensaft
600 g schon gekochter Reis,
   nach Grundrezept
   zubereitet
150 g Vollmilch- oder
   Speisequark
ca. 100 g geriebener Käse

Den Knoblauch im Öl
anziehen. Den Spinat
beifügen und dünsten, bis er

Fortsetzung nächste Seite

zusammenfällt. Dill beifügen, dann Salz, frischen Pfeffer und ein paar Tropfen Zitronensaft. Zugedeckt ein paar Minuten ziehen lassen. Einen dickwandigen Topf wärmen und ⅓ vom Reis hineingeben. Je ⅓ von der Gemüsemischung, dem Quark und dem Käse darüber verteilen. Wiederholen, bis alle Zutaten aufgebraucht sind. Dieser Eintopf kann sofort serviert werden, sofern der Reis warm ist. Wird abgekühlter Reis verwendet, so muss der Eintopf ca. 20 Minuten im Ofen erhitzt werden.
Variante: Anstelle von Spinat oder einem Teil davon, Wildkräuter oder Schnittmangold nehmen.

Arroz escarlata

(Roter Spanischer Reis)

2 EL Sonnenblumenkerne
1 EL Olivenöl
3–4 Knoblauchzehen, klein
  gehackt
1 Karotte, kleingewürfelt
1 rote Peperoni
  (BRD: Paprika)
  kleingewürfelt
2–3 Tomaten, in Achteln
oder gleiche Menge Pellati
1 EL Tomatenpüree
3 EL Rotwein
Salz
1 TL Paprikapulver
1 Lorbeerblatt

3 Tassen (à 2,5 dl) schon
  gekochter Vollreis, nach
  Grundrezept zubereitet
Oregano, schwarze Oliven

Die Sonnenblumenkerne ohne Öl in einem Topf ein paar Minuten rösten. Aus dem Topf nehmen. Das Öl erwärmen, den Knoblauch glasig braten, dann nacheinander Karotten, Peperoni (Paprika) und Tomaten beifügen. Tomatenpüree, Wein, Salz, Paprikapulver und Lorbeer dazurühren. Den Reis über dieser Sauce verteilen. Zugedeckt 8 bis 10 Minuten köcheln lassen. Sauce, Reis und Sonnenblumenkerne vermischen. Mit Oregano bestreuen und mit Oliven garnieren.

Variante mit Käse:
Geriebenen Käse über den Reis verteilen (dann Oliven und Oregano). Zugedeckt auf kleinstem Feuer warmhalten, bis der Käse schmilzt.

Gefüllte Peperoni

BRD: Paprika

Um Missverständnissen vorzubeugen: Die Paprika heissen in der Schweiz Peperoni, und was in der BRD eine Peperoni ist, nennt man in der Schweiz Paprika. Peperoncini sind die Pfefferschoten.

4 grosse oder 8 kleine
  Peperoni, die gut stehen
2–4 Tassen schon gekochter
  Vollreis, nach
  Grundrezept zubereitet
1 Knoblauchzehe, fein
  gehackt
1 Zwiebel, in Scheiben
4–6 Champignons,
  geviertelt oder halbiert
2 Tomaten, in Schnitzen
½ TL Salz
½ Bündchen frischer Dill,
  fein gehackt oder 1 EL
  getrocknete Dillspitzen
1 Zweiglein frischer oder
¼ TL getrockneter Oregano
2 EL Sojasauce
3 dl Wasser
3 EL Olivenöl

Die Peperoni waschen und am Stielende einen Deckel abschneiden. Den inneren, fleischigen Teil entfernen (Kerne wegspülen und Fruchtfleisch für ein anderes Gericht aufbewahren). Mit feuchten Händen (damit er nicht klebt) den Reis satt in die Peperoni füllen. Die Deckel aufsetzen und die Peperoni in eine eingefettete Bratenform oder Gusseisenpfanne (mit Deckel) stellen. Alle andern Zutaten um die Peperoni herumlegen. Zugedeckt bei 200° 30 bis 45 Minuten backen. Den Deckel

Seite 81
Gefüllte Peperoni

abnehmen und 15 Minuten weiterbacken. Die ganzen Peperoni in Suppenteller oder -schalen stellen und die Sauce mit den Gemüsen darum herum anrichten. Diese Peperoni können auch auf der Herdplatte gedämpft werden. Das geht etwas schneller, aber sie haben weniger Geschmack.

Vegetarischer Falscher Hase

8–10 Portionen

Ein ganz feiner, aber fülliger vegetarischer Hackbraten, der warm oder kalt gegessen werden kann.

2 grosse Stengel Lauch
(ca. 500 g), fein
geschnitten
1 EL Butter oder Öl
400 g (2 grosse Tassen)
schon gekochter Reis,
nach Grundrezept
zubereitet
300 g Tofu, durch die Faust
gedrückt
8 EL Vollkornpaniermehl
100 g Baumnüsse, fein
gehackt
1 Ei
frische, fein gehackte oder
getrocknete Kräuter
(Majoran, Thymian,
Basilikum)
2 EL Sojasauce
1 TL Salz
Pfeffer
Sonnenblumenkerne oder
Sesamsamen

Den Lauch in einem Topf im Fett andünsten, bis er zusammenfällt. Etwas abkühlen lassen.
Inzwischen alle übrigen Zutaten, ausser den Kernen oder Samen, in eine grosse Schüssel geben. Den Lauch dazugeben und alles so lange kneten, bis eine homogene Masse entsteht. Eine Cake- oder Terrineform einfetten und mit Sonnenblumenkernen oder Sesam bestreuen. Mit der Bratenmasse füllen und diese ebenfalls bestreuen. Im mittelheissen Ofen 1 Stunde backen. Aus der Form nehmen. Den «Falschen Hasen» warm mit einer weissen Sauce (Seite 111) oder einer Gemüsesauce reichen oder kalt als Paté oder Vorspeise oder zu Salat.

Sushi

(Bild Seite 76/77)

Sushi sind köstlich, gesund und eine Augenweide. Sie sind so vielseitig und in Japan in unzähligen Varianten so gebräuchlich wie unser Sandwich. Sie können Hors-d'œuvres, Hauptgericht oder natürlich Picknick sein.
Nori-Algenblätter und Bambus-Sushimatten sind in Bioläden und Läden, die japanische Spezialitäten führen, erhältlich. Anstelle

einer Sushimatte kann auch ein festes Tuch verwendet werden.

Schon gekochter Vollreis,
möglichst frisch und nach
Grundrezept zubereitet
1–2 Karotten, in lange
dünne Stangen
geschnitten
1 Handvoll grosse
Spinatblätter oder
sonstiges grünes Gemüse,
ebenfalls in Stangen
geschnitten (z. B. Gurken)
wenig Öl
ca. 150 g Tofu
Nori-Algenblätter
Sojasauce
Ingwer oder Meerrettich
Essig

Sojasauce, Ingwer und ein paar Tropfen Essig verrühren. Den Tofu ein paar Stunden oder über Nacht in dieser Sauce einlegen. Dann in lange dünne Stangen schneiden. In einer Bratpfanne das Öl erwärmen und die Karottenstangen darin wenden. Mit Wasser und wenig Sojasauce ablöschen. Die Spinatblätter beifügen, aufkochen und vom Feuer nehmen.
Ein Blatt Nori über einer Gasflamme oder 2 Kerzen toasten, bis es sich verfärbt. Auf die Sushimatte legen und eine 1 bis 2 cm dicke Schicht Reis daraufpressen, dabei oben einen Rand von ca. 3 cm freilassen. Die Finger feuchthalten, damit

82

der Reis nicht klebt. Je
1 Stange Karotten und Tofu
sowie ein paar Spinatblätter
in die Mitte der Reisschicht
legen. Den oberen Rand des
Noriblattes zum
Verschliessen mit Wasser
befeuchten und in der
Matte einrollen. Die Rolle
in der Matte festhalten und
den Reis an beiden Enden
gut andrücken. Die Matte
aufrollen und die Sushirolle
auf ein Brett legen. Mit
einem scharfen, feuchten
Messer in 8 oder 10 Stücke
schneiden und gefällig auf
einen flachen Teller oder
Tablett anrichten. Dazu
Schälchen mit Ingwer oder
Meerrettich und Essig
gewürzter Sojasauce und
anderen, zum Beispiel
süss-sauren Würzen
reichen.

Fritierte Sushi

Sushi schmecken am besten,
wenn sie mit frisch
gekochtem Reis zubereitet
sind, und zwar kalt, aber
frisch gegessen werden. Hat
man noch alten Reis zur
Verfügung, so kann man
trotzdem Sushi herstellen
und diese fritieren. Auch
übriggebliebene Sushi vom
Vortag sind nach dem
Fritieren wieder vortrefflich.
Sushi wie oben zubereiten.
Nach Wunsch die Gemüse-
und Tofufüllung weglassen.
Fritieren. Sofort auftragen.

Milchreis

4 dl kalte Milch
400 g schon gekochter
    Vollreis, nach
    Grundrezept zubereitet
3–4 EL Vollrohrzucker oder
    Zuckerrübensirup
1 Vanillestengel oder
    1 TL Vanillezucker
2 EL Rahm, nach Belieben

Alle Zutaten in einem Topf
zum Kochen bringen und
10 bis 15 Minuten unter
häufigem Rühren köcheln
lassen. Vanillestengel
entfernen (und waschen – er
kann mehrmals gebraucht
werden). Warm oder kalt
essen.
Dieses einfache Rezept
kann mit vielen guten
Sachen bereichert werden,
zum Beispiel mit frischen
Früchten oder Beeren,
Dörrfrüchten, Nüssen, Saft
und Schale von Zitronen
oder Orangen, Zimt,
Kokosnuss oder Kakao.
Oder machen Sie daraus
einen

Milchreis auf indische Art

4 dl Milch
¼ TL Safran
4 Kardamomschoten
    oder
    1 TL Kardamom
½ Zimtstengel
4 ganze Nelken
2–4 EL Vollrohrzucker
    oder
    Zuckerrübensirup
2 Handvoll Rosinen
    oder
    Sultaninen
400 g schon gekochter
    Vollreis, nach
    Grundrezept zubereitet
10 Mandeln
1 EL Zitronensaft
2 EL Rahm, nach Belieben
    oder ½ Becher
    Nature-Joghurt

Gewürze, Süssmittel und
Rosinen 15 Minuten in der
kalten Milch ziehen lassen.
Den Reis beifügen und zum
Kochen bringen. Unter
häufigem Rühren
15 Minuten kochen.
Dazwischen die Mandeln
rösten und scheibeln oder
hacken. Gegen Ende der
Kochzeit Kardamom,
Nelken und Zimt
herauslesen. Zitronensaft
und Rahm oder Joghurt
einrühren. Nicht mehr
kochen. Anrichten,
eventuell in Portionen-
schalen und mit den
Mandeln bestreut warm
oder kalt servieren.

BUCHWEIZEN
IST
ANDERS

«Die liebe Heyde-Grütze,
Ist zu vielen Dingen nütze,
Meistens find sie ihre statt
Bey dem,
der viel Gesinde hat.»

J. D. Hagedorn,
«Landwirtschaftlicher Haushalter», 1755.

**Blühender Buchweizen,
Buchweizenkerne, Buchweizenmehl**

laudio Beti, Puschlaver Bauer und landwirtschaftlicher Betriebsberater, lachte schallend, als ich ihn fragte, wie viele Hektaren Buchweizen in seinem Tal, dem letzten Anbaugebiet auf Schweizer Boden, noch angepflanzt werden. Nicht nach Hektaren, nach Aren hätte ich fragen sollen. «Aber», erinnerte er sich dann, «noch in den Jahren 1939 bis 1940 hat mein Vater auf 1100 m Höhe Buchweizen geerntet, und im unteren Teil des Tales um Brusio war Buchweizen wichtige Zweitfrucht, die nach der Ernte von Roggen, Gerste oder Frühkartoffeln gesät wurde und im gleichen Sommer zur Reife kam.» Mitte der sechziger Jahre bewirtschafteten die Puschlaver dann noch gesamthaft eine gute halbe Hektare. Inzwischen ist diese Fläche auf 15 bis 20 Aren zusammengeschrumpft.

Das Puschlav steht nicht allein mit seinen schwindenden Buchweizenäckern. In allen traditionellen Buchweizengegenden ist der Anbau rückläufig oder schon erloschen. Die Vorteile, die das «Heidekorn» einer extensiven Landwirtschaft gebracht hatte, sind in der modernen Agrotechnologie nicht mehr gefragt. Die Prognose, die ein deutscher Wissenschaftler schon 1940 über den Buchweizen verhängt hatte, scheint sich zu bewahrheiten: «...es waren ganze Ursachenreihen, die in vielfacher gegenseitiger Abhängigkeit untereinander stehen, Ursachenreihen, die in summa den Strukturwandel des Wirtschaftslebens überhaupt, der Landwirtschaft insbesondere ausgemacht haben und sie auch weiterhin in einem Sinne beeinflussen, der dem Buchweizen unter normalen Verhältnissen keine Zukunftsberechtigung zuzusprechen erlaubt.»

Zu diesen «Ursachenreihen» gehören auch die veränderten Essgewohnheiten. Die graue Grütze musste dem Weissbrot und dem Kartoffelstock den Teller räumen, allerdings nicht überall. Noch gibt es Buchweizenliebhaber, zu denen auch viele Puschlaver gehören.

Pulenta und Pizzoccheri

Auf die kulinarische Seite des Buchweizens angesprochen, kam Herr Beti in Fahrt. Schon das Dreschen und Mahlen sei eine Kunst, und die «Pizzoccheri» mache seine Familie immer selber, obwohl sie in Le Prese auch eine Teigwarenfabrik herstelle. Auf «Pulenta taragna» – das Wort schmolz ihm auf der Zunge wie der mit viel Butter und Käse zubereitete Brei selber – und viele andere Spezialitäten würden seine Landsleute nicht verzichten wollen.

Importe aus dem Veltlin sichern ihnen die Buchweizengenüsse. «Das ist heute einfach billiger», meinte Herr Beti. «Würde sich der Bund dieses Korns annehmen, zum Beispiel mit Zollzuschlägen, dann wären die Bauern auch wieder vermehrt am Eigenanbau interessiert. Jetzt ist er leider am Aussterben.» Anders hoffen Buchweizenländer wie Russland und Japan durch verbesserte Züchtungen, welche Erträge und Ertragssicherheit steigern, eine Trendwende herbeizuführen.

Das Heidekorn und das Korn der Heiden

Der Buchweizen war sich selbst oft der grösste Feind. Da er auf kargsten Böden gedeiht, diente er als Pionierfrucht, das heisst, er war die erste Kulturpflanze auf frisch gerodeten und urbar gemachten Landstrichen. Hatten sich diese, dank seiner Fähigkeit, das Bodenleben zu aktivieren, allmählich in satteres Kulturland verwandelt, so musste er den anspruchsvolleren Getreidearten weichen. Die Genügsamkeit des Buchweizens geht so weit, dass er auf Kunstdünger- und sogar auf Stallmistgaben schlecht anspricht, was ihn zum vornherein aus dem Abhängigkeitszirkus von Chemie und Landwirtschaft ausschloss. Auf wenig fruchtbaren Heide- und Sandböden fühlt er sich am wohlsten, vorausgesetzt, das Klima ist nicht zu kalt und zu nass. Dies hat ihm die Bezeichnung Heidekorn eingetragen, und ausgerechnet Heidekorn soll von mongolischen, also heidnischen Stämmen nach Europa gebracht worden sein. Seine weiteren Namen, wie Türken- oder Tatarenkorn, bestätigen dies, während das französische «blé sarasin» (Sarazenenweizen) seine Verbreitung durch die Araber bekundet. Wann und auf welchem Weg er die lange Reise von seiner Heimat im östlichen Zentralasien westwärts gemacht hat, darüber mutmassen die Fachleute noch. Verwirrend an der Geschichte des Buchweizens ist zudem die Tatsache, dass buchweizenähnliche Funde in Deutschland seine Kultivierung schon in der Bronzezeit zu bezeugen scheinen.

Im Jahre 1396 erscheint er zum erstenmal in einer Nürnberger Chronik. Zu dieser Zeit hatte er bereits einen festen Platz im mittelalterlichen Landbau und Speiseplan. Zwei Jahrhunderte später war er über Holland und die Bretagne bis nach England vorgedrungen. In der Schweiz baute man ihn im Baselbiet und in vielen Teilen Graubündens, im Tessin und in der Gegend von Luzern an. Mit deutschen und holländischen Siedlern wanderte er nach Amerika, wo er noch heute eine bescheidene Stellung in der Volksnahrung einnimmt. Die wichtigsten Buchweizenesser aber sind nach wie vor die Russen und Slawen, und auch die Japaner verzehren nicht geringe Mengen von ihrem geliebten «Soba» in Form von Buchweizennudeln und süssen «Manju».

Kein Getreide

Der Buchweizen ist kein Gras und kein Getreide, sondern ein Knöterichgewächs, das weiss oder rosa blüht und herzförmige Blätter aufweist. Er zeichnet sich durch seine kurze Vegetationszeit aus und wurde deshalb oft wie die Hirse als Zweit- oder Notfrucht eingesetzt. Mit jener teilt er neben andern Gemeinsamkeiten das Los, in vielen Gegenden als Brot der ärmeren Schichten gegolten zu haben.

Aber gerade die einfache Kost der Armen vermochte der Buchweizen in vortrefflicher Weise aufzuwerten, enthält er doch eines der biologisch hochwertigsten pflanzlichen Eiweisse. Erwähnenswert ist auch sein hoher Gehalt an Rutin, einer Vorstufe von Vitamin C. Der häufige Genuss von Buchweizen wird bei Bindegefässschwäche und Neigung zu Krampfadern empfohlen. Eine spezielle rutinreiche Buchweizenart wird in den USA von der pharmazeutischen Industrie zur Gewinnung dieses Stoffes angebaut. Buchweizen kann schon in geringen Mengen bei empfindlichen Menschen Allergien hervorrufen. Anderseits kann bei Zöliakie (Kleberunverträglichkeit) das Buchweizenmehl als kleberloses Mehl einspringen.

Buchweizen für eine vielseitige Landwirtschaft

Noch vor wenigen Jahren war der Buchweizen für die meisten eine unvertraute Spezialität, ein Geheimtip für gastronomische Pröbler. Sein Geschmack ist recht eigenwillig; aber wer ihn gern hat, verlangt immer wieder danach. Darum wird die Kehrtwende, die sich heute sowohl in der Landwirtschaftspraxis als auch in unseren Essgewohnheiten abzeichnet, dem fast vergessenen Heidekorn seine verdiente Stellung wieder einräumen. Vor allem in den Alpensüdtälern könnte er zu einer vielseitigen und ökologischen Landwirtschaft beitragen und uns allen den Speisezettel bereichern.

Grundrezept für Buchweizen

200 g Buchweizenkörner
5 dl Wasser
1 Pr. Salz

Den Buchweizen heiss spülen und mit den übrigen Zutaten zum Kochen bringen. 15 Minuten zugedeckt köcheln lassen. Vom Feuer nehmen und 15 Minuten quellen lassen.

Sarazenensalat

1 grosse Gurke
1 TL Salz
1 Becher Nature-Joghurt
2 EL Öl
1 EL Zitronensaft
Pfeffer
1 Knoblauchzehe,
*   ausgepresst*
1 EL frische Pfefferminze,
*   fein gehackt*
*   oder 1 TL getrocknete*
*   Pfefferminze,*
*   pulverisiert*
400 g schon gekochter
*   Buchweizen, nach*
*   Grundrezept zubereitet*
2 Tomaten, in Würfeln

Die Gurke in kleine Würfel schneiden und in ein Salatsieb geben. Mit Salz bestreuen und gut durchschütteln. 30 Minuten ziehen lassen. Joghurt, Öl, Zitrone und Gewürze in einer Schüssel verrühren. Buchweizen, Gurken und Tomaten beifügen und alles sorgfältig mischen.

Pulenta concia

6 Portionen

Im Tessin heisst sie «Polenta negra» (schwarze Polenta) und gehört zum Leichenmahl. Im Mendrisiotto und in der Lombardei wurde sie um Allerseelen und Allerheiligen gekocht und mit einem schwarzen Faden zerteilt. Es gibt unzählige Varianten von Polenta, Plenten oder Pulenta aus Buchweizen.

7,5 dl Wasser
½ TL Salz
170 g Buchweizenschrot
170 g geschroteter Mais
50 g Butter
150 g Zwiebeln, in dünnen
*   Scheiben*
Salz
150 g geriebener Parmesan,
*   Sbrinz oder reifer,*
*   würziger Bergkäse*

Das Wasser salzen und zum Kochen bringen. Zuerst den Buchweizen, dann den Mais einrühren. Bei kleinstem Feuer während 45 Minuten kochen und, wenn möglich, ständig rühren. Die Zwiebeln in der Butter langsam anbräunen. Salzen.

Den Brei mit feuchten Händen auf einem Brett zu einem Laib formen. Mit einem feuchten Messer dünne Scheiben abschneiden und in eine warme Schüssel schichten. Den Käse zwischen die Schichten streuen. Obenauf die Zwiebeln verteilen. Sofort servieren.

Bauernschmarrn

300 g Buchweizenmehl
1 TL Salz
2 Eier, getrennt
4 dl Milch
Butter oder Öl

Mehl und Salz in einer Schüssel verreiben und eine Mulde formen. Eigelb und Milch hineingeben und alles kräftig verrühren. 15 Minuten ruhen lassen. Die Eiweiss steif schlagen und darunterziehen. Etwas Fett in der Bratpfanne erwärmen und etwa einen Drittel des Teiges über den Pfannenboden verteilen. Wenn der Teig am Boden fest wird, aber noch keine richtige Kruste gebildet hat, und die Oberfläche noch flüssig ist, den Teig mit zwei

Fortsetzung Seite 92

Gabeln zerzupfen, so dass mit der Zeit Teigklumpen entstehen, die ähnlich wie gebratene Knöpfli (Spätzle) aussehen. Mit den Gabeln wenden, bis sie allseitig angebräunt sind. In einer warmen Schüssel anrichten und warm stellen. Mit dem restlichen Teig gleich vorgehen, bis er aufgebraucht ist. Traditionellerweise wird Schmarrn süss mit Himbeersirup, Konfitüre oder Kompott serviert, aber er eignet sich auch als Beilage zu würzigen Speisen.

Pizzoccheri

(Bild Seite 90/91)

Eine Spezialität aus dem Puschlav und Veltlin.

300 g Buchweizenmehl
100 g feines Vollkornmehl
*   oder Ruchmehl*
1 TL Salz
1 Ei
Wasser
2–3 l Salzwasser
2 Kartoffeln, in kleine
*   Würfel geschnitten*
2 Karotten, in kleine Würfel
*   geschnitten*
200 g Mangold oder Spinat,
*   grob geschnitten*
200 g Kohl oder Wirz,
*   in Streifen*
200 g frische Erbsen oder
*   Bohnen, nach Belieben*
flüssige Butter
geriebener Parmesan oder
*   Sbrinz*

Mehle und Salz vermischen. Das Ei in einem Messbecher verquirlen und mit kaltem Wasser auf 2,5 dl auffüllen. Zum Mehl geben, einen Teig bilden und 10 Minuten kneten. Zugedeckt mindestens ½ Stunde ruhen lassen. Den Teig in einem Stück nicht zu dünn auswallen. Streifen von ca. 5 cm Länge und 1 cm Breite schneiden. Das Salzwasser zum Kochen bringen. Das vorbereitete Gemüse hineingeben. Nach 4 bis 5 Minuten die Pizzoccheri locker unter das Gemüse heben und nochmals 12 Minuten köcheln lassen. Das Wasser abseihen (ergibt eine leckere Suppenbasis) und die Pizzoccherimasse in eine vorgewärmte Schüssel lagenweise mit Käse und Butter anrichten. Zum Schluss mit ein paar Esslöffel Kochwasser begiessen.
Variante: Die Butter mit einer ausgepressten Knoblauchzehe würzen.

Piroschki

Piroschki sind russische Pastetchen, die zu Kohl-, Sauerkraut- oder Randensuppe (Borschtsch) (Randen = Rote Bete) mit Sauerrahm passen.

Füllung:
«Kasza mit Nüssen».

Teig:
450 g Vollkornmehl
1 TL Salz
2,5 dl kochendes Wasser
6 EL Öl

Mehl und Salz verreiben und eine Mulde formen. Das kochend heisse Wasser und das Öl mit dem Schneebesen schlagen, bis die Flüssigkeit milchig wird. In das Mehl giessen und sofort einen Teig bilden. Ein paar Minuten kneten und 30 Minuten kalt stellen. 2 bis 3 mm dick auswallen. Mit einem Backrädchen Quadrate schneiden. Jedes Quadrat mit etwa 1 EL Buchweizenfüllung belegen. Zwei Schnittkanten anfeuchten und überschlagen. Die Ränder mit einer Gabel gut andrücken. Bei 200° 15 bis 20 Minuten backen.

Kasza mit Nüssen

Was dem Schotten sein Porridge, ist dem Russen seine Kasza (Kascha). Nach dem Originalrezept wird diese Grütze mindestens 2 Stunden und bis zu 2 Tagen im Ofen gelassen.

5 dl Wasser
2 TL Gemüsebouillon
200 g Buchweizen, ganz
25 g Butter oder Öl
1 Zwiebel, fein gehackt
100 g Baumnüsse
*   (Walnüsse), grob gehackt,*
*   oder Pinienkerne*

1 EL Dillspitzen
    oder 3 EL frischer Dill,
    fein gehackt
2 EL Petersilie, fein gehackt

Wasser, Bouillon und
Buchweizen zum Kochen
bringen. Zugedeckt
15 Minuten simmern lassen.
Inzwischen Zwiebel und
Nüsse glasig braten und
zum Buchweizen geben.
Würzen. Mindestens
15 Minuten quellen lassen.
Dieses Gericht kann
Hauptgericht – zum
Beispiel mit einem feinen
Saisonsalat – oder Beilage
sein. Es eignet sich aber
auch gut für Füllungen,
beispielsweise in Kohl-
wickeln oder in Piroschki.

Crêpes Bretonnes

Da der Buchweizen keinen
Kleber enthält, eignet er
sich schlecht als
Brotgetreide. Um so mehr
hat er sich in der Pfanne
bewährt, was die Vielfalt der
Pfannkuchenrezepte aus
aller Welt beweist.
Stellvertretend für diese
Schlemmereien möchte ich
diese Spezialität aus der
Bretagne vorstellen. Sie
schmeckt mit einer
Kohlfüllung besonders gut.

Teig:
20 g Frischhefe
7,5 dl kaltes Wasser
300 g feines
    Buchweizenmehl

1 TL Salz
Butter oder Fett

Die Hefe in Wasser auf-
lösen. Das Mehl einrühren.
Ein paar Minuten mit einem
Holzlöffel schlagen.
1 bis 2 Stunden gehen
lassen.
Salzen. In wenig
Butter oder Fett möglichst
dünne Crêpes (Omeletten)
herstellen.

Füllung:
Butter oder Öl
300 g Tofu
2–3 EL Sojasauce
1 Zwiebel, fein gehackt
750 g Kohl, in feine Streifen
    geschnitten
½ TL Kümmelpulver
Salz und Pfeffer

In einem grossen Topf
wenig Fett erwärmen.
Den Tofu durch die Faust
gedrückt hineingeben. Bei
mittlerer Hitze braten, bis
feste Klumpen entstehen.
Oft rühren. Aus dem Topf
nehmen und mit der
Sojasauce tränken.
Nochmals etwas Fett in den
Topf geben. Die Zwiebel
glasig dünsten, dann den
Kohl beifügen. Unter
Rühren braten, bis er
zusammenfällt. Den Tofu
untermischen und salzen
und würzen. Mit wenig
Wasser befeuchten und
zugedeckt 15 bis 20 Minuten
schmoren lassen. Die
Crêpes füllen und warm
halten.

Buchweizen-Muffins

20 g Hefe
3 dl Wasser oder Milch
1 EL Honig
225 g Buchweizenmehl
100 g Rosinen
1½ TL Zimt
etwas Muskat
½ TL Salz
1 Ei
4 EL Öl
100 g Vollkornmehl

Die Hefe in Milch oder
Wasser auflösen. Honig und
Buchweizenmehl beifügen
und 1 bis 2 Minuten mit der
Holzkelle schlagen.
An einem warmen Ort
mindestens 30 Minuten,
besser 1 bis 2 Stunden
aufgehen lassen. Alle
übrigen Zutaten ausser dem
Mehl dazurühren, bis ein
gleichmässiger Teig
entsteht. Das Vollkornmehl
beifügen und nochmals gut
verrühren. 15 bis 30
Minuten aufgehen lassen.
Mit einem Esslöffel
Häufchen auf ein gefettetes
Backblech oder in
Briocheförmchen geben.
Genug Abstand dazwischen
lassen, da sie verlaufen. Bei
200° 20 Minuten backen.
Ofenfrisch geniessen.

MAHLZEIT!

Zeit, sich guten Appetit
zu wünschen, Zeit des Mahlens,
Zeit des Essens.
Mahlzeit. Ein Wort aus dem
täglichen Sprachgebrauch, das uns
manches über die menschlichen
Essgewohnheiten verrät.

**Die Mahlsteine der alten Steinmühle
in Signau (Emmental)**

Noch bevor die Menschen gelernt hatten, feuerfestes Keramikgeschirr anzufertigen, kannten sie den Mörser zum Zerstossen und Zerstampfen und die Handmühle zum Mahlen von Korn. Aus dem Schrot oder Mehl bereiteten sie einen Brei zu. Die Kochkunst bestand damals also vor allem in der Mahlkunst. In ihrem Buch «Ein Land von Weizen und Gerste» schreibt Lore Hartmann-von Monakow: «Mit der Handmühle zu arbeiten war äusserst mühsam und zeitraubend. Nur etwa 800 Gramm Mehl konnten in einer Stunde schwerer Arbeit gemahlen werden. Vier Stunden musste man mahlen, um das Brot für den täglichen Bedarf einer durchschnittlichen Familie von fünf bis sechs Personen zuzubereiten. Die Hausfrau stand gleich nach Mitternacht auf, um Mehl zu mahlen, Teig zu kneten und das Brot für die Männer zu backen, die am Morgen aufs Feld hinausgehen mussten. Als wie schwer und auch niedrig die Arbeit des Mahlens betrachtet wurde, kommt zum Ausdruck bei Jes. 47,1–2: ‹Herunter Jungfrau, du Tochter Babel, setze dich in den Staub. Setze dich an die Erde, wo kein Thron ist... nimm die Mühle und mahle Mehl...›.» Diese harte Arbeit wird noch heute von vielen Frauen in der Dritten Welt verrichtet. Mais oder Hirse wird für die Zubereitung der täglichen Mahlzeit frisch gestampft.

Die Eselsmühle

Obschon das Mahlen von Hand eine beschwerliche Beschäftigung war, dauerte es Jahrtausende, bis im Vorderen Orient die Mahltechnik verbessert wurde. Im 2. und 3. Jahrhundert v. Chr. übernahmen zum erstenmal Lasttiere oder auch Sklaven diese Arbeit. Die Ausbeute stieg auf 3 bis 4 kg Mehl pro Stunde. Ich erinnere mich, noch vor wenigen Jahren in Afghanistan eine solche Mühle gesehen zu haben. Stundenlang, tagelang ging das arme Maultier mit verbundenen Augen im ausgetrampelten Kreis herum. Fast ein Jahrtausend verging, bis die technischen Voraussetzungen geschaffen wurden, um Mensch und Tier von der Mühsal des täglichen Mahlens zu befreien. Die Drehmühle, zwei flach aufeinanderliegende Steine, ursprünglich eine Handmühle, konnte mit Wasser- oder Windkraft angetrieben werden. Wasser- und Windmühlen, sagenumwobene Orte, von Dichtern besungen und bewährte Sujets kitschiger Heimatromane, sind ausgeklügelte kleine Kraftwerke, echte technische Errungenschaften, die vielen Menschen das Leben erleichterten.

Heute gibt es in unseren Gegenden nur noch wenige wasserbetriebene Mühlen, und auch diese mahlen kaum mehr mit den gewichtigen Steinen, sondern mit Walzenstühlen. Zumeist aber wird das Getreide in grossen Hochleistungsbetrieben verarbeitet. Vom Müller wird erwartet, dass er ein guter Mechaniker ist und ein Flair für Maschinen hat. Die «Mahlzeit» ist rationalisiert, entromantisiert worden.

Der Weg zum Weissmehl

Immer weniger Betriebe konnten immer mehr Mehl ausstossen. Dies hatte zur Folge, dass das Mehl über weitere Distanzen transportiert und länger gelagert werden musste. Vollkornmehl aber ist verderblich, und da die modernen Industriemühlen den Keim und die Schale des Korns, welche von der Ernährungswissenschaft des 19. Jahrhunderts sowieso als unnötiger Ballast erklärt worden waren, problemlos entfernen können, stand der Massenproduktion von Weissmehl nichts mehr im Wege. Bis anhin hatten sich nur Bessergestellte von Hand gesiebtes Weissmehl leisten können. Weissmehl war also auch Statussymbol und ist es heute teilweise immer noch.

Verlust von Wirkstoffen im Weissmehl

Wirkstoffe	Vollkornmehl 1 kg enthält:	Weissmehl 1 kg enthält:	Verlust in Prozenten
Vitamin B_1	5,1 mg	0,7 mg	86
Vitamin B_2	1,3 mg	0,4 mg	69
Vitamin B6	4,4 mg	2,2 mg	50
Niacin	57 mg	7,7 mg	86
Vitamin E	24 mg	0,0 mg	100
Eisen	44 mg	7 mg	84
Kupfer	6 mg	1,5 mg	75
Magnesium	250 mg	120 mg	52
Mangan	70 mg	20 mg	71
Kalium	4750 mg	1150 mg	76
Ballaststoffe	90 g	Spuren	

Durchschnittlicher Verlust aller Wirkstoffe 75 Prozent

Die eigene Mühle

Das ganze Getreidekorn besteht aus Mehlkern, Keim und verschiedenen Randschichten (siehe Grafik, Seite 13). Es steht heute ausser Zweifel, dass unser Körper alle Teile des Korns braucht, um richtig funktionieren und Krankheiten vorbeugen zu können. Wenn wir uns zudem vor Augen halten, dass mindestens 30 Prozent unserer Nahrung aus Getreideprodukten bestehen sollte, so ist es unverständlich, dass drei Viertel unserer landesweiten Mehlproduktion auf Halbweiss- und Weissmehle fallen. Viele Konsumenten haben deshalb zur Selbsthilfe gegriffen. Binnen weniger Jahre hat sich ein gesunder Markt für Haushaltmühlen entwickelt (siehe auch «Mehl», S. 114).

Die Mahlsteine im Mund

Mahlzeit ist auch Essenszeit. Wir mahlen, während wir essen, belehrt uns die Sprache. Wie recht sie hat, beweist ein Blick auf unser Gebiss. Je vier Zähne links und rechts, unten und oben sind – Mahlsteine. Acht kleine Mühlen haben wir im Mund. Sie arbeiten nach dem gleichen Prinzip wie die grossen Drehmühlen. Die oberen Backenzähne sind fixiert, während diejenigen am Unterkiefer die Nahrung in kreisenden Bewegungen zermalmen, zerstossen und zerdrücken. 30-, 50-, 100mal sollten wir jeden Bissen Getreidekost kauen. Der Magen hat keine Zähne. Er kann nur noch mit Chemie nachholen, was im Munde versäumt wurde. Reicht diese körpereigene Chemie, die Magensäfte, nicht aus, so bleibt nur noch der Griff zur Arznei. Mancher Gang in die Apotheke würde sich erübrigen, wenn mit Kindern das gründliche Kauen ebenso wie das Zähneputzen und Händewaschen eingespielt würde. Unsere modernen Essgewohnheiten aber laufen aufs Gegenteil hinaus. Einerseits nehmen wir uns kaum genügend Zeit für die «Mahlzeit», und anderseits schlüpft unsere verfeinerte Industriekost den Schlund hinunter, bevor die Backenzähne richtig zugreifen können.

Grundrezept für Schrotbrei oder Grütze

200 g Schrot aus Gerste,
Weizen, Dinkel, Grün-
kern, Roggen, Hafer,
Mais, Buch-
weizen oder gemischt
5–7 dl Wasser,
je nach gewünschter
Konsistenz
1 Pr. Salz

Wenn gewünscht, das Schrot 1 Stunde einweichen. Es wird dadurch sämiger. Alle Zutaten zum Kochen bringen. 5 bis 30 Minuten – je nach Getreideart und Mahlfeinheit – leise köcheln lassen. Von Zeit zu Zeit umrühren. Zugedeckt 5–30 Minuten quellen lassen. Vollreis und Hirse werden kaum je als Schrot zubereitet, denn sie schmecken als ganzes Korn besser. Die Kochzeit für Hirse ist ohnehin sehr kurz.

Schrot- oder Frischkornmüsli

Am gesündesten ist das Getreide, wenn es roh gegessen wird. Verschiedene Ernährungsrichtungen empfehlen deshalb das Schrot- oder Frischkornmüsli – eine Weiterentwicklung des Birchermüslis – zum täglichen Genuss.

8 EL Weizen oder Hafer,
oder verschiedene
Getreidekörner gemischt
Honig, Birnendicksaft,
Zuckerrübensirup oder
Vollrohrzucker nach
Geschmack
etwas Zitronen-, Orangen-,
Grapefruit- oder Apfelsaft
500 g Äpfel
200–400 g Beeren oder
Früchte der Jahreszeit
1 Handvoll Nüsse oder
Samen
Nature-Joghurt, Milch,
Quark, Sauermilch oder
Rahm

Das Getreide am Vorabend schroten und mit so viel Wasser anrühren, dass ein dickflüssiger Brei entsteht. Zugedeckt über Nacht stehen lassen. (Falls das Müsli abends gegessen wird, am Morgen schroten und einweichen.) Am nächsten Morgen Süssmittel und Saft dazumischen. Die Äpfel mit Schale und Kernhaus auf der Bircherraffel reiben und sofort untermischen. Die Früchte und Nüsse ganz oder zerkleinert untermischen. Eventuell einen Teil als Garnitur zurückbehalten. Joghurt, Milch oder Rahm direkt aufs Müsli geben oder separat servieren.
Variante: Anstelle von Süssmittel können 50 bis 80 g Dörrfrüchte separat über Nacht eingeweicht und dem Müsli beigefügt werden.

Schrotsuppe mit Lauch

1 EL Butter oder Öl
1 Zwiebel, fein gehackt
60 g Getreideschrot
1 l Wasser oder
Gemüsebrühe
1 grosser oder 2 kleine
Lauchstengel, in Ringe
geschnitten, oder evtl.
andere Saisongemüse
Salz, Pfeffer, Muskat,
evtl. 1–2 EL Sojasauce
fein gehackte Petersilie oder
Kerbel

Die Zwiebel im Fett glasig braten. Das Schrot beigeben und anrösten. Mit der Flüssigkeit ablöschen. Wenn die Suppe kocht, den Lauch beifügen und würzen. 20 bis 30 Minuten leise köcheln lassen. Abschmecken und mit Petersilie bestreut servieren.

Das Lebkuchenhaus

Zutaten

2 TL Triebsalz
(Hirschhornsalz, aus der
Drogerie)
1,5 dl kalte Milch
600 g feines Vollkornmehl
oder Ruchmehl
2 EL Lebkuchengewürz
300 g flüssiger Honig
1 Eiweiss
1 EL Honig
ganze und geschälte
Mandeln
Mandelsplitter
Kürbiskerne
gedörrte Papayawürfel
(Reformhaus)
Haselnüsse
Sonnenblumenkerne
Rosinen
Zahnstocher

Teigzubereitung

Das Triebsalz in der Milch auflösen. Mehl und Gewürz mischen und eine Mulde bilden. Den Honig und das aufgelöste Triebsalz hineingeben und zu einem gleichmässigen Teig kneten. Mit einer Plastikfolie bedeckt ein paar Stunden oder über Nacht ruhen lassen.

Dekorieren und Backen

Das Eiweiss und 1 EL Honig zusammen verrühren, bis der Honig aufgelöst ist. Aus Karton Schablonen schneiden, und zwar:

- Vorder- und Rückwand 15 cm breit, bis Giebel 9 cm hoch, Giebel 13 cm hoch, Eingangstor 4 cm breit
- Seitenwand 15 cm lang, 9 cm hoch
- Dach 20 cm lang, 17 cm hoch.

Den Teig 3 bis 4 mm dick auswallen und mit einem Messer den Schablonen nach ausschneiden, und zwar: Vorderwand mit Eingangstor, Rückwand, 2 Seitenwände, 2 Dachseiten. Teigkreuze für das Dach sowie Blumen und Fenster ausstechen. Den restlichen Teig zu einem etwas dünneren, möglichst grossen Viereck für den Garten ausrollen. Die Teigteile auf ein mit Backpergament belegtes oder eingefettetes Blech legen. Eventuell mit aufgelegter Schablone nochmals nachformen. Mit der Eiweiss-Honig-Lösung bepinseln und die Garnituren draufdrücken:

- ausgestochene Teigkreuze, Mandeln, Kürbiskerne fürs Dach
- gedörrte Papayaquadrate für das Eingangstor
- geschälte Mandeln und Mandelstifte für die Seitenmauern
- ausgestochene Teigblumen (Achtung: reichlich Platz lassen für das Haus!), Kürbiskerne, Papayastücke für den Garten
- halbierte Haselnüsse und Sonnenblumenkerne für den Gartenweg.

Alle aufgesetzten Dekorationen ebenfalls vorsichtig mit der Ei-Honig-Lösung bestreichen. Die verzierten Lebkuchenteile bei 200° 8 bis 10 Minuten backen. Erkalten lassen.

Zusammensetzen

Am besten geht es mit vier Händen. Die restliche Ei-Honig-Lösung mit etwas Honig verdicken. Alle Berührungslinien grosszügig damit bestreichen. Zuerst die 4 Seitenwände aufs Fundament stellen und an den Ecken mit Zahnstochern zusammenstecken. 4 Zahnstocher waagrecht zuoberst in beide Seitenwände stecken und das Dach daraufstecken. Vorn und hinten noch je 2 Zahnstocher durch den Giebel in der Dachmitte stecken. Die vorstehenden Zahnstocher mit einer Beisszange abknipsen, und fertig ist das Lebkuchenhaus!

Schrotzel-schnitten

200 g Getreideschrot nach
    Wahl
5 dl Wasser
1 Pr. Salz
Ruchmehl oder feines
    Vollkornmehl
2 Eier
2 EL Milch oder Wasser
Butter oder Öl zum Braten

Das Schrot nach
Grundrezept zubereiten.
Auf ein kalt ausgespültes
Blech oder ein Polentabrett
streichen. Erkalten lassen.
Eier und Flüssigkeit in
einem Suppenteller
verquirlen. Das Schrot in 12
oder 16 Schnitten teilen. Die
Schnitten zuerst im Mehl,
dann im Ei wenden und
beidseitig in der Bratpfanne
goldgelb braten. Zu
Saisonsalat oder -gemüse
oder süss zu Kompott mit
Vollrohrzucker und Zimt
bestreut servieren.

Hefegugelhopf

(Bild Seite 98)

30 g Frischhefe
3 dl Milch oder Wasser
100 g Süssmittel
75 g warme Butter oder Öl
1 Ei
100 g Rosinen
Saft und Schale von
    ¼ Zitrone
½ TL Salz

500 g frisch gemahlenes
    Vollkornmehl

Die Hefe in der Flüssigkeit
auflösen. Alle übrigen
Zutaten ausser dem Mehl
beifügen und gut verrühren.
Den Teig an einem warmen
Ort um das Doppelte
(ca. 1 Stunde) aufgehen
lassen. In eine eingefettete
Gugelhopfform geben und
bei 180° 45 Minuten bis
1 Stunde backen.

Mandelplätzchen

(Bild Seite 98)

225 g feines Reismehl
200 g Vollkornmehl
½ TL Salz
2 TL Backpulver
200 g fein gemahlene
    Mandeln
5 Bittermandeln, fein
    gemahlen, oder 1 TL
    Bittermandelessenz
1 TL Vanillezucker
1¼ dl Sonnenblumen- oder
    Maisöl
2 dl Zuckerrübensirup
1 Eiweiss
ca. 4 EL Wasser
1 Eigelb
gut 1 EL Zuckerrübensirup
halbierte oder
    blanchierte Mandeln
    zum Garnieren

Mehle, Salz, Backpulver,
Mandeln und Vanille in
einer Schüssel gut mischen.
Eine Mulde formen und Öl,
Zuckerrübensirup, Eiweiss,

Wasser und eventuell
Mandelessenz
hineingeben. In der Mulde
leicht verrühren, dann das
Mehl allmählich
dazumischen. Einen
klebrigen Teig bilden und
etwas kneten. Eine dicke
Rolle formen und 1 Stunde
kalt stellen. Mit einem
scharfen Messer dünne
Rondellen schneiden und
auf ein eingefettetes Blech
legen. Das Eigelb und
1 EL Zuckerrübensirup
verrühren und die Plätzchen
damit bestreichen.
1 gespaltene oder
blanchierte Mandel
daraufdrücken. Bei
mittlerer Hitze 10 bis 15
Minuten backen. Ergibt
30 Plätzchen.

Unser täglich Korn

Jede Hausfrau freut sich, wenn von Schalenkartoffeln eine tüchtige Portion Resten übrigbleibt. Dann ist nämlich die halbe Kocharbeit für die Rösti, den Gratin oder die Kartoffelküchlein am nächsten Tag schon getan. Das gleiche gilt für Getreide: Ein Topf mit gekochtem Korn oder Schrot im Kühlschrank lässt einen nie in Verlegenheit kommen, wenn schnell eine währschafte Mahlzeit auf den Tisch muss. Im Handumdrehen kann man daraus eine Vielfalt von Gerichten, von der Suppe bis zum Dessert, vom Frühstücksbrei bis zum Bettmümpfeli (Betthupferl) hervorzaubern. Da gekochtes Getreide im Kühlschrank mehrere Tage frisch bleibt, kann es ohne weiteres für 2, 3 oder sogar 4 Mahlzeiten im voraus zubereitet werden.

Die Grundrezepte für die verschiedenen Getreide sind im Rezeptteil des jeweiligen Kapitels aufgeführt und in der Tabelle auf den Seiten 137 ff nochmals übersichtlich zusammengefasst.* Für Gerste, Weizen, Dinkel, Roggen, Hafer und Reis, also für Körner mit langen Einweich-, Koch- und Quellzeiten sind die Zutaten für 8 Portionen angegeben, also für 2 Mahlzeiten für je 4 Personen. Für die Getreidearten, die eine kürzere Kochzeit haben oder weniger vielseitig

* Ich schlage Ihnen vor, eine Fotokopie von dieser Tabelle zu machen, die Sie in der Küche aufhängen können. So brauchen Sie nicht jedesmal für die Masse, Gewichte und Zubereitungszeiten dieses Buch hervorzukramen. Gerade das Einweichen geschieht ja oft spätabends, wenn man müde ist, oder am Morgen, wenn es schnell gehen muss.

verwendbar sind, und für Getreideprodukte genügt eine Menge von 200 g (4 Portionen) oder sogar 100 g. Diese Mengen können natürlich beliebig vergrössert (oder verkleinert) werden. Zu beachten ist allerdings, dass *grössere Getreidemengen im Verhältnis etwas weniger Wasser brauchen.* Lange Kochzeiten können mit dem Dampfkochtopf um die Hälfte reduziert werden. Das lohnt sich – schon aus Energiespargründen. Die verschiedenen Getreide – ob ganze Körner oder Schrot – können miteinander kombiniert werden. So wird zum Beispiel «Kruska» aus 4 oder 5 verschiedenen Getreiden gemischt. Besonders gut ist Vollreis mit einem einheimischen Korn «gestreckt». Schnell gemacht und sehr schmackhaft sind Hirse und Buchweizen, zu gleichen Teilen zusammen gekocht. Einen Versuch wert ist auch die traditionelle Verbindung von Buchweizen und Mais, und mit der Zeit entwickeln Sie vielleicht sogar Ihre eigene Hausmischung.

Die Grundanleitung zum Getreidekochen

Lagerung

Ganze Getreidekörner lassen sich problemlos über Monate und sogar Jahre lagern. Sie sind also auch ein idealer Notvorrat. Es kann geschehen, dass sie in der warmen Jahreszeit «lebendig» werden, d. h. Parasiten wie Getreidemotten und Rüsselkäfer schlüpfen aus. Das ist kein Grund dafür, die Körner wegzuwerfen. Verteilen Sie sie auf ein Blech, das Sie an die Sonne stellen.

Schon innerhalb von Minuten verziehen sich diese Tierchen, um sich nie wieder blicken zu lassen.

Erlesen

Im allgemeinen ist handelsübliches Getreide gut gereinigt. Das Erlesen kann notwendig sein, wenn es direkt vom Bauern oder aus dem Selbstanbau kommt.

Waschen

Die abgewogene Menge Körner in kaltem Wasser schwenken und durch ein Drahtsieb abschütten. Den Buchweizen einmal heiss spülen.

Darren

Die gewaschenen, tropfnassen Körner auf ein Backblech (ohne Fett) verteilen und bei 60–80° 30 bis 60 Minuten trocknen. Darren macht Getreide verdaulicher und zum Teil schmackhafter, ist aber nicht unbedingt nötig. Es kann auf Vorrat gedarrt werden.

Einweichen

Die in der Tabelle angegebene Menge kaltes Wasser zu den abgewogenen und gewaschenen Körnern geben. Je länger das Getreide eingeweicht wird, desto kürzer ist die Kochzeit. Das Getreide immer im Einweichwasser kochen.

Schroten und mahlen

Frische oder gedarrte Körner möglichst unmittelbar vor dem Gebrauch auf die gewünschte Feinheit mahlen, entweder auf der eigenen Haushaltmühle oder im Reformhaus oder Bioladen.

Kochen

Ganze Körner immer mit kaltem Wasser ansetzen und zum Kochen bringen. Zudecken und die angegebene Kochzeit auf kleinstem Feuer köcheln lassen. Bei Gasherden einen Hitzeverteiler benützen. Nicht rühren! Dickwandiges, gutschliessendes Kochgeschirr eignet sich am besten. Günstig sind auch Dampfkochtöpfe. Diese ohne Siebeinsatz verwenden.

Schrot immer mit kaltem Wassser ansetzen und zum Kochen bringen. Die angegebene Kochzeit leise köcheln lassen. Oft und tüchtig rühren. Während der Kochzeit kann mehr Wasser beigefügt werden.

Griess, Couscous, Bulgur, Pil-Pil, Flocken immer in siedendes Wasser einrühren.

Salzen

Nach dem ersten Aufkochen wenig salzen. Im Dampfkochtopf das Getreide mit dem Salz ansetzen.

Quellen

Auf ausgeschalteter Platte mit verschlossenem Deckel das gekochte Getreide ziehen lassen. Übersteigt die Quellzeit 30 Minuten, so sollte man den Topf in eine Kochkiste tun. Die Kochzeit kann durch längeres Quellen verkürzt werden.

Mengen-und Zeitangaben

Die Mengen- und Zeitangaben sind Richtwerte. Sie hängen u. a. von der Getreidesorte, der Wasserhärte und von der Konsistenz ab, die für das Gericht gewünscht wird (körnig oder breiig). Grössere Getreidemengen brauchen im Verhältnis weniger Wasser.

Gewürze

Normalerweise erfolgt die Grundzubereitung ohne Gewürze. Sie werden bei der Weiterverarbeitung des gekochten Korns oder Schrots beigefügt. Samen, Stengel und getrocknete Zweiglein können mitgekocht werden. Zarte Kräuter, frisch oder getrocknet, erst am Schluss beifügen. Höchstens 2–3 verschiedene Gewürze aufs Mal verwenden.

Aufbewahren

Gekochtes Schrot oder Korn zugedeckt im Kühlschrank aufbewahren. So hält es sich mehrere Tage frisch.

Zutaten	Einweichen	Kochen	Quellen	Gewürze	Besonderes
Ganze Körner					
Gerste 400 g Gerstenkörner 9 dl Wasser 1 Pr. Salz	0–8 Std.	1–2 Std.*	15–30 Min.	Pfefferschoten, Salbei, Thymian	
Weizen 400 g Weizenkörner 1 l Wasser 1 Pr. Salz	5–8 Std.	1½–2 Std.*	30 Min.	Koriander, Lorbeer, Majoran, Rosmarin, Thymian	
Dinkel 400 g Dinkelkörner 9 dl Wasser 1 Pr. Salz	3–8 Std.	1–1½ Std.*	30 Min.	Koriander, Lorbeer, Majoran, Selleriekraut, Thymian	
Grünkern 200 g Grünkern 5 dl Wasser 1 Pr. Salz	0–8 Std.	½–1 Std.*	10 Min.	Kerbel, Lorbeer, Majoran, Thymian	
Roggen 400 g Roggenkörner 1 l Wasser 1 Pr. Salz	5–8 Std.	1½–2 Std.*	30 Min.	Dill, Kümmel, Liebstöckl, Rosmarin, Selleriekraut, Thymian	Darren ist beim Roggen besonders empfehlenswert
Hafer 400 g Haferkörner 9 dl Wasser 1 Pr. Salz	0–8 Std.	1–1½ Std.*	15 Min.	Bohnenkraut, Estragon, Kerbel, Muskat	
Vollreis 400 g Vollreis 9 dl Wasser 1 Pr. Salz	–	¾–1 Std.*	10 Min.	Basilikum, Curry, Kardamom, Koriander, Oregano, Thymian, Safran, Salbei	Langkornreis, braucht etwas weniger Wasser und ist schneller gar.

* Bei diesen Getreiden lohnt es sich, den Dampfkochtopf
zu benützen. Die Kochzeit ist dann halb so lang.
Etwas weniger Wasser nehmen.

Zutaten	Einweichen	Kochen	Quellen	Gewürze	Besonderes
Ganze Körner					
Grundteig für Tortillas und Arepas 500 g Maiskörner 1,5 l Wasser ½ Tasse reine Hartholz- asche in einem Baumwollsack oder 2 EL Urgesteinsmehl	8–12 Std.	2 Std.*	–	Basilikum, Koriander, Oregano, Pfefferschoten, Rosmarin, Thymian	Holzasche oder Steinmehl mitkochen, dann herausspülen. Die Körner durch den Wolf drehen.
Hirse 200 g Hirsekörner 5 dl Wasser 1 Pr. Salz	–	15 Min.	15 Min.	Curry, Ingwer, Koriander, Muskat, Liebstöckl, Lorbeer, Paprika	
Buchweizen 200 g Buchweizen 5 dl Wasser 1 Pr. Salz	–	15 Min.	15 Min.	Dill, Majoran, Pfefferminze (nur roh), Salbei	
Schrot					
Schrotbrei oder Grütze 200 g Schrot aus Gerste, Weizen, Dinkel, Grünkern, Roggen, Hafer, Mais, Buchweizen, oder gemischt, 5–7 dl Wasser 1 Pr. Salz	0–1 Std.	5–30 Min.	5–30 Min.	–	Viel rühren. Reis und Hirse werden kaum als Schrot gekocht. Sie schmecken besser als ganzes Korn und sind auch schnell gar.
Schrot- oder Frischkornmüsli 8 EL Schrot aus Gerste, Weizen, Dinkel, Roggen, Hafer, Buchweizen, oder gemischt, 2,5 dl Wasser	5–8 Std.	nicht kochen	–	Birnendicksaft, Honig, Vollrohrzucker, Zitrone, (Saft und Schale)	Mit Früchten, Dörrfrüchten, Nüssen, Samen, Milch- oder Milchprodukten zu Müsli verarbeiten.

Zutaten	Einweichen	Kochen	Quellen	Gewürze	Besonderes
Getreideprodukte					
Griess, Polenta 200 g Vollkorngriess oder feiner Maisgriess ¾–1 l Wasser 1 Pr. Salz	–	5–10 Min.	–	–	Tüchtig rühren.
200 g grober Maisgriess oder Maisschrot ¾–1 l Wasser 1 Pr. Salz	–	30–45 Min.	–	–	Viel rühren
Couscous, Bulgur oder Pil-Pil 200 g Couscous, Bulgur oder Pil-Pil 5 dl Wasser 1 Pr. Salz	–	in das siedende Salzwasser einrühren, zudecken und vom Feuer nehmen	15 Min.	Basilikum, Dill, Koriander, Pfefferminze (nur roh), Rosmarin, Salbei, Thymian	
Porridge und Flockenbrei 100 g Flocken aus Gerste, Weizen, Roggen, Hafer, Reis, Mais, 5–7 dl Wasser 1 Pr. Salz	–	grobe Flocken: mindestens 20 Min. feine Flocken: mindestens 5 Min.	–	–	Viel rühren

Wenn das Korn
gekocht ist ...

...kann es je nach Lust und Laune verwandelt werden in einen Frühstücksbrei, einen Salat, eine Rösti, einen Eintopf oder Auflauf, in Frikadellen, Suppe oder Pudding.

In diesem Kapitel finden Sie die Rezepte dazu. Es sind dies Alltagsgerichte mit einfachen Zutaten, die Sie vielleicht schon bald einmal auswendig können, so dass Ihnen das Getreidekochen noch leichter von der Hand geht.

Alle Rezepte sind (mit wenigen Ausnahmen) auf alle Getreidearten anwendbar, während die Rezepte in den vorangehenden Kapiteln eher auf die jeweiligen Getreidearten zugeschnitten sind.

Auf unserem Bild:
Gekochtes Schrot, gekochte Hirse und gefülltes Gemüse.

Frühstücksbrei

*400 g schon gekochtes Korn
    oder Schrot, nach
    Grundrezept zubereitet
    (ausser Grünkern)*
4–5 dl Milch
*1 Handvoll Rosinen oder
    fein geschnittene
    Dörrfrüchte und/oder
    1–2 EL Süssmittel
    (Birnendicksaft,
    Vollrohrzucker,
    Zuckerrübensirup,
    Honig)*

Alle Zutaten zum Kochen
bringen (wenn Honig
verwendet wird, erst am
Schluss beifügen, damit die
Vitamine und Enzyme nicht
zerstört werden).
5 bis 15 Minuten köcheln
lassen, je nach gewünschter
Konsistenz. Möglichst viel
rühren.

Gemüse- und Getreidesuppe

Mit dieser Suppe können
Sie den Kühlschrank von
Gemüse- (und Getreide-)
resten befreien.

Butter oder Öl
*500–600 g Gemüse der
    Jahreszeit, in kleine
    Stücke geschnitten*
*200 g schon gekochtes Korn
    oder Schrot*
1 l Bouillon
*frische Kräuter, fein
    gehackt, nach Belieben*

In einem grossen Topf das
Gemüse im Fett ein paar
Minuten andünsten. Das
Getreide beifügen und
mischen. Bouillon
dazugiessen und zum
Kochen bringen. Alles
zusammen ca. 10 Minuten,
oder bis das Gemüse gar ist,
köcheln lassen und
eventuell mit frischen
Kräutern bestreut
auftragen.

Getreidesalat

*400 g rohes Gemüse, nach
    Wahl, gehobelt, geraffelt
    oder in kleine Stücke
    geschnitten*
1 TL Salz
*400 g schon gekochtes Korn
    oder Schrot, nach
    Grundrezept zubereitet*
4 EL Öl
1 EL Essig
1–2 EL Sojasauce
*frische oder getrocknete
    Kräuter, nach Tabelle*

Gemüse und Salz in einer
Schüssel mischen und ca. 30
Minuten ziehen lassen. Die
übrigen Zutaten beifügen
und alles gut mischen. Kalt
servieren.
Tip: Getreidesalat schmeckt
besser, wenn er mit frisch
gekochtem Getreide, das
von der Zubereitung noch
warm ist, angemacht wird.

Getreiderösti

Butter oder Öl
1 Zwiebel, fein gehackt
*1 Knoblauchzehe,
    fein gehackt*
*600 g schon gekochtes Korn
    oder Schrot, nach
    Grundrezept zubereitet*
Pfeffer und Salz

In der Bratpfanne Zwiebel
und Knoblauch glasig
braten. Die übrigen Zutaten
beigeben und rühren. Die
Pfanne zudecken und das
Getreide bei mässigem
Feuer heiss und unten
braun werden lassen.
Abdecken und unter
Rühren fertig braten.
Eventuell 2 bis 3 EL Wasser
beigeben zum Feuchthalten
der Rösti. Als Beilage wie
Kartoffelrösti servieren.

Variante mit Käse:
Ca. 100 g geriebenen Käse
über die fertige Rösti in der
Pfanne streuen. Zudecken
und den Käse bei kleinster
Hitze schmelzen lassen.
Sofort servieren.

Getreide- und Gemüse-Eintopf

*Ca. 600 g verschiedene
    Gemüse nach Wahl (von
    Auberginen bis Zwiebeln
    kann alles verwendet
    werden), in kleine Stücke
    geschnitten*
Butter oder Öl

Pfeffer und Salz
600 g schon gekochtes Korn
 oder Schrot, nach
 Grundrezept zubereitet
Sojasauce zum
 Abschmecken oder
 Reibkäse

Das Gemüse in einem Topf oder einer grossen Bratpfanne sautieren, bis es zusammenfällt. Würzen und bei Gemüsearten, die wenig Saft abgeben, ca. ½ Tasse Wasser zugiessen. Das Getreide über das Gemüse verteilen und alles zugedeckt schmoren lassen, bis das Gemüse gar ist (10 bis 20 Minuten). Gemüse und Getreide gut vermischen. Abschmecken und nochmals ein paar Minuten ziehen lassen. Nach Wunsch Reibkäse dazu servieren.

Vier Saucen zu Getreide:
Nach Grundrezept gekochtes Getreide, eine feine Sauce und Salat dazu, und die Mahlzeit ist perfekt. Die folgenden Saucenrezepte kommen immer wieder gut an:

Weisse Sauce

30 g Butter oder Öl
4 EL feines Vollkornmehl
 oder Ruchmehl
ca. 5 dl kalte Flüssigkeit
 (Wasser, Milch, Bouillon)
Salz

1 Pr. Muskat
frische oder getrocknete
 Kräuter
oder 1 ausgepresste
 Knoblauchzehe
Butter, Rahm, angerührtes
 Tahin oder Reibkäse zum
 Verfeinern

Das Fett in einem Topf erwärmen. Das Mehl beifügen und ein paar Minuten rösten. Vom Feuer nehmen. Zuerst nur soviel Flüssigkeit zugiessen, bis alles Mehl angefeuchtet ist. Aufkochen und den Rest unter Rühren nach und nach zugeben. Salzen und würzen und 15 Minuten köcheln lassen. Frische Kräuter erst jetzt beifügen. Nach Wunsch mit Butter, Rahm, Tahin oder Reibkäse verfeinern.
Diese Sauce schmeckt auch zu Getreiderösti und andern einfachen Getreidegerichten.

Tahin-Sauce

Öl
2 Karotten, grob geraffelt
 oder in kleine Würfel
 geschnitten
2 Stengel Lauch, in feine
 Streifen geschnitten
5 dl Bouillon
4 EL Tahin (Sesampaste)

Das Gemüse in einem Topf in wenig Öl anbraten, bis es zusammenfällt. Mit der Bouillon ablöschen und

zugedeckt 10 Minuten köcheln lassen. Vom Feuer nehmen. Etwas von der Flüssigkeit in eine Tasse schöpfen und den Tahin darin zu einem Brei verrühren. In das Gemüse einrühren (nicht mehr kochen, da sich sonst die Sauce scheidet). Abschmecken und über gekochtes Getreide servieren.
Varianten: Anstelle von Karotten und Lauch können andere feingeschnittene Gemüse der Jahreszeit verwendet werden.

Italienische Sauce

3 EL Olivenöl
3 Knoblauchzehen,
 feingehackt
5-6 frische Tomaten, in
 grosse Stücke geschnitten
 oder 1 Büchse Pelati
Basilikum
2-3 EL Oliven, zerkleinert
Pfeffer und Salz

Das Olivenöl in einem Topf erwärmen und den Knoblauch darin anziehen lassen. Die Tomaten beifügen und rühren, bis sie Wasser ziehen. Alle übrigen Zutaten beifügen und bei kleinster Hitze 30 Minuten köcheln lassen. Abschmecken und mit Reibkäse über Getreide servieren.

Gemüsesauce

2 grosse oder 4 kleine
   Kartoffeln
100 g Sellerieknolle
100 g Karotten
1 kleiner Lauch
Butter oder Öl
5 dl Wasser
Salz und Pfeffer
etwas Muskat
4 EL Rahm oder
   Sauerrahm
Sojasauce

Die Gemüse kleinschneiden
und in wenig Fett
andünsten. Mit dem Wasser
ablöschen, würzen und
weichkochen. Durchs
Passevite drehen oder mit
dem Stabmixer pürieren.
Den Rahm dazurühren und
mit der Sojasauce
abschmecken. Warm zu
gekochtem Getreide
servieren.

Frikadellen

1 grosse Zwiebel,
   fein gehackt
600 g schon gekochte
   Getreidekörner, nach
   Grundrezept zubereitet
2 Eier
1 EL Sojasauce
½ Bund Petersilie,
   fein gehackt
Kräuter nach Tabelle
Pfeffer und Salz
Butter oder Öl zum Braten

Die Zwiebel in wenig Fett
andünsten. Die Getreide-
körner durch den Fleisch-
wolf drehen. Alle Zutaten,
ausser dem Fett, zu einer
gleichmässigen Masse
kneten. Plätzchen formen
und in der Bratpfanne bei
mittlerer Hitze beidseitig
goldbraun braten.
Zu Gemüse oder Salat,
eventuell mit einer Sauce
servieren.

Tip: Die Masse nicht
formen, sondern mit einem
Eisportionierer Kugeln ins
heisse Fett setzen und mit
einer feuchten Gabel
flachdrücken. Das gibt
schöne, regelmässige
Portionen.

Variante mit Schrot:
Anstelle von gekochten
Körnern nehmen wir 600 g
gekochtes Getreideschrot.
Dieses muss nicht durch
den Fleischwolf gedreht
werden. Sonst bleiben
Zutaten und Zubereitung
gleich.

Gefülltes Gemüse

(Bild Seite 108/109)

Verwenden Sie gekochtes
Getreide zum Füllen von
Gemüse der Jahreszeit.
Viele Gemüsesorten eignen
sich dazu. Das Grundrezept
bleibt mehr oder weniger
das gleiche.

Ca. 800 g Gemüse, das sich
   zum Füllen eignet:
   Auberginen, Chicorée,
   Fenchel, Kohlrabi,
   Kürbis, grosse Pilze,
   Patissons, Tomaten,
   Zucchetti, Zwiebeln
Salz
Butter oder Öl
1 Zwiebel, fein gehackt
100 g grob gehackte Nüsse,
   nach Wahl
150 g Tofu
   oder 150 g Quark
Kräuter und Gewürze
   nach Tabelle
Pfeffer
500 g schon gekochtes Korn
   oder Schrot, nach
   Grundrezept zubereitet
Bouillon
Paniermehl

Die Gemüse halbieren oder
einen Deckel wegschneiden
und aushöhlen. Mit wenig
Salz einreiben. Die
weggeschnittenen Teile fein
schneiden und zusammen
mit der Zwiebel im Fett
braten, bis das Gemüse
zusammenfällt. Die Nüsse
und, wenn Tofu verwendet
wird, diesen durch die Faust

gedrückt in Klumpen beifügen und 5 Minuten mitbraten. Würzen und das Getreide beimischen. Wenn Quark verwendet wird, diesen jetzt untermischen. Das Gemüse mit dieser Masse füllen und mit Paniermehl bestreuen. In eine Braten- oder Auflaufform oder Gusseisenpfanne stellen. Bouillon dazugiessen, bis das Gemüse ca. 2 cm in der Flüssigkeit steht. Bei Gemüsearten, die noch selber Wasser ziehen, zum Beispiel Tomaten, weniger Bouillon verwenden. Mit einem Deckel oder Alufolie zudecken und je nach Gemüseart 20 bis 40 Minuten im heissen Backofen schmoren lassen. Abdecken und 15 Minuten weiterbraten. Während dieser Zeit 1- bis 2mal Bouillon über die Füllung löffeln.

Variante mit Kohl- oder Lattichblättern:
Die äusseren grossen Blätter von Kohl, Wirz oder Lattich in Salzwasser blanchieren. Die kleinen Blätter klein schneiden und wie oben für die Füllung verwenden. Die Füllung in die blanchierten Blätter einrollen und wie oben backen.

Tip: Sie können das Vollkornpaniermehl selber herstellen, indem Sie ein Stück trockenes oder getoastetes Vollkornbrot auf der Bircherraffel reiben.

Getreideauflauf

Butter oder Öl
1 Zwiebel, fein gehackt
600 g schon gekochtes Korn
*   oder Schrot, nach*
*   Grundrezept zubereitet*
2 Eier, getrennt
3 dl Milch
100 g geriebener Käse
frische oder getrocknete
*   Kräuter, nach Tabelle*
Pfeffer und Salz

Die Zwiebel glasig braten. Alle Zutaten, ausser dem Eiweiss, in einer Schüssel vermischen. Das Eiweiss steif schlagen und darunterziehen. Die Masse in eine eingefettete Auflaufform füllen. Sofort im mittelheissen Ofen während 30 bis 40 Minuten backen.

Getreideauflauf mit Gemüse

Zutaten wie für
*   «Getreideauflauf»*
500 g Saisongemüse,
*   kleingeschnitten*

Die Zwiebel glasig braten. Das Gemüse beifügen und unter Rühren mitbraten, bis es zusammenfällt. Wenig salzen und vom Feuer nehmen. Wie «Getreide-auflauf» zubereiten.

Pudding

2–3 Eier, getrennt
5 dl Milch oder halb Milch
*   halb Nature-Joghurt*
1 TL Vanillezucker
abgeriebene Zitronenschale
3–4 EL Vollrohrzucker,
*   Honig oder*
*   Birnendicksaft*
500 g schon gekochtes Korn
*   oder Schrot (ausser*
*   Grünkern)*

Eigelb, Milch, Zucker und Aromen in einer Schüssel mit dem Schneebesen verrühren. Das Getreide dazumischen. Das Eiweiss steif schlagen und locker unter die Masse ziehen. In eine eingefettete Pudding- oder Auflaufform füllen und bei mässiger Hitze (180°) 30 Minuten backen. Warm oder kalt zu Kompott oder Apfelmus servieren.

Pudding mit Früchten

Zutaten wie für «Pudding»
300 bis 400 g
*   kleingeschnittene oder*
*   geraffelte Früchte oder*
*   Beeren nach Jahreszeit*

Die Früchte mit dem Getreide zu den übrigen Zutaten mischen und wie «Pudding» zubereiten.

Natürliche Zutaten

Bouillon, Brühe

In vielen Rezepten dieses Buches wird «Bouillon» benötigt. Sie können diese selber machen, indem Sie Gemüseabfälle, wie Zwiebelschalen, Karottenenden, Petersilienstiele, Kohlstrünke usw., in viel Wasser sieden. Kochen Sie ein «bouquet garni» mit, ein Sträusschen aus Petersilie, Thymian und Lorbeer. Andere Kräuter und Gewürze können je nach Verwendung beigefügt werden. Vor Gebrauch die Gemüsereste absieben und mit Salz oder Sojasauce salzen.

Das Kochwasser von Gemüse und Vollkornteigwaren nicht wegwerfen. Es kann ebenfalls als feine Brühe dienen.

Wenn keine Zeit zum Selbermachen da ist, kann man mit einem der vielen löslichen Suppenkonzentrate oder Würzextrakte aus dem Reformhaus im Nu eine schmackhafte Brühe herstellen.

Mehl

Drei Dinge machen ein gesundheitlich vollwertiges Mehl aus: 1. Das Getreide stammt aus biologischem Anbau, denn Rückstände von Pestiziden befinden sich vor allem auf den Randschichten (Kleie) des Korns, welche beim Weissmehl entfernt werden. 2. Das *ganze* Getreide, inklusive Kleie und Keim, wird vermahlen. 3. Das Getreide wird schonend, möglichst unmittelbar vor dem Verzehr gemahlen. Vollkornmehl sollte nicht mehr als zwei Wochen alt sein. In Reformhäusern und Bioläden sind mehrere biologische Mehlsorten erhältlich. Aber erst die eigene Getreidemühle garantiert frisches Mehl und ermöglicht es, mit der ganzen Palette der Mahlfeinheiten, vom groben Schrot bis zum feinen Mehl und den Eigenschaften der verschiedenen Körner, zu experimentieren.

Weizenmehl macht den Grundstock in den meisten Gebäcken aus. Sein hoher Klebergehalt bewirkt, dass Hefeteige und gut geknetete Teige geschmeidig und elastisch werden.

Dinkelmehl ist ein gutes Brotmehl.

Gerstenmehl. Hefe- und Sauerteigbrote können bis zu etwa einem Drittel aus Gerstenmehl bestehen. Feingebäck wird «feiner» durch Zugabe von ganz fein gemahlenem Gerstenmehl.

Roggenmehl eignet sich vor allem für Sauerteigbrote.

Hafermehl. 5 bis 10 Prozent Hafermehl im Brotteig machen das Brot länger haltbar, da Hafer einen relativ hohen Fettgehalt hat.

Buchweizenmehl eignet sich vor allem für Teigwaren und alle Arten von Pfannkuchen. Ein wenig Buchweizen im Brot bringt interessante Abwechslung; der Buchweizengeschmack ist aber nicht jedermanns Sache.

Reis-, Hirse- und Maismehl machen Gebäck knusprig, müssen aber sehr fein gemahlen sein. Mais eignet sich zudem für Maisbrot.

Ruchmehl können wir selbst herstellen, indem wir selbstgemahlenes Vollkornmehl sieben. Die zurückbleibende Kleie in Suppen verwenden (siehe Rezept für Schrotsuppe).

Nüsse

Mandeln, Haselnüsse, Walnüsse,
Kernels (Cashews), Pinienkerne
Ähnlich wie Öl müssen auch Nüsse als verderbliche Nahrungsmittel angesehen werden und ganz, wenn möglich sogar in der Schale, gekauft werden. Ich mahle jeweils eine grössere Menge aufs Mal und bewahre das, was ich nicht brauche, in einem Schraubglas im Tiefkühlfach auf.
Ein unübertrefflicher Genuss sind frisch geröstete, ganze oder grobgehackte Nüsse. Dazu werden die Nüsse ohne Zugabe von Fett oder Öl in einer mässig warmen Bratpfanne unter häufigem Schütteln oder im vorgewärmten Ofen auf ein Blech verteilt und 5 bis 10 Minuten erhitzt, bis sie ein angenehmes Nussaroma bekommen.

Öl

Sonnenblumen-, Mais-, Oliven-, Sesam-,
Raps-, Saflor- und Leinsamenöl
Der Bedarf an Fett in der Nahrung ist vor allem ein Bedarf an lebenswichtigen (essentiellen) Fettsäuren. Diese sind im Gegensatz zu den handelsüblichen raffinierten Ölen in den kalt geschlagenen oder mechanisch gepressten Ölen reichlich enthalten. Letztere sind auch ein guter Vitamin-E-Spender. Es lohnt sich deshalb, den doppelten oder dreifachen Preis für ein gutes Öl auszugeben und dafür die Menge einzuschränken. Dies gilt vor allem für Öle, welche nicht mehr erhitzt werden, zum Beispiel im Salat. Koch- und Backöl hingegen darf etwas billiger sein.
Je mehr ein Öl nach seinem Rohstoff riecht, schmeckt und dessen Farbe beibehalten hat, desto besser ist seine Qualität. Ich habe immer zwei oder drei Ölsorten zur Hand und versuche, ihre charakteristischen Aromen mit den Gerichten in Einklang zu bringen. Oliven- und Sesamöl sind ausgesprochene Salat- und Gemüseöle, Mais-, Saflor- und Rapsöl eignen sich eher für Getreidegerichte und Maisöl besonders zum Backen, während das Sonnenblumenöl ein gutes Allroundöl ist. Kalt geschlagene Öle sind weniger lang haltbar als raffinierte Öle. Ausser Olivenöl, welches bei niedrigen Temperaturen fest wird, sollten sie deshalb im Kühlschrank aufbewahrt werden. Gutes Öl kann übrigens wie Butter am Ende der Kochzeit einem fertigen Gericht beigegeben werden. Auf diese Weise werden keine wertvollen Nährstoffe des teuren Öls durch hohe Temperaturen zerstört.

Quark

Speisequark, Rahmquark, Vollmilchquark
Speisequark wird aus Magermilch (entrahmter Milch) hergestellt. Rahmquark ist mit Rahm angereicherter Speisequark. Im Bio-Handel ist auch Vollmilchquark erhältlich, welchem weder etwas hinzugefügt noch weggenommen wurde, was ökologisch sinnvoller, natürlicher und deshalb auch gesünder ist.

Salz

Wenn in einem Gericht der Salzgeschmack hervorsticht oder gar dominiert, ist es versalzen und unserer Gesundheit abträglich. Leider haben wir uns aus lauter Gedankenlosigkeit angewöhnt, alles zu versalzen, so dass unser Appetit nach Salz um vieles grösser geworden ist als unser täglicher Bedarf. Am schmerzlosesten können wir uns versalzenes Essen abgewöhnen, indem wir jeden Tag ein ganz klein bisschen weniger Salz nehmen.
Unraffiniertes Meersalz ist aus über 40 Mineralstoffen und Spurenelementen zusammengesetzt, während das handelsübliche Kochsalz nur noch eine Verbindung von Natrium und Chlor ist. Leider sind aber auch die Schmutzteile, mit denen Meerwasser heute verseucht ist, im unraffinierten Meersalz zu finden, so dass es nicht mehr ohne diese Einschränkung empfohlen werden kann. Also auch aus dieser Sicht gilt: In jedem Fall vorsichtig salzen! Beifügen kann

115

man immer noch, aber herausnehmen geht nicht mehr.

Sojasauce enthält 15–20 % Salz, schmeckt aber stärker, so dass man mit weniger Salz auf den gleichen Geschmack kommt. Zur Abwechslung verwende ich Gemüseextrakte, welche je nach Fabrikat bis zu 35 % Salz enthalten. Wer sich bereits an eine bestimmte Salzart (z. B. Kräutersalz) oder Würzbrühe gewöhnt hat, kann natürlich auch diese verwenden.

Samen

Sesamsamen, Sonnenblumenkerne, Leinsamen, Kürbiskerne, Mohnsamen
Sie werden ähnlich wie Nüsse verwendet. Sie schmecken ganz, aber auch im Mörser oder in der Ölsaatmühle leicht zermalmt, und können wie Nüsse vorher leicht geröstet werden.

Sojasauce (Tamari und Shoyu)

Tamari ist die Flüssigkeit, die sich während der Gärung von Miso (Sojapaste) bildet. Sie wurde früher abgezapft und galt als besondere Delikatesse. Im 16. Jahrhundert gelang es einem japanischen Misomeister, Tamari direkt, ohne Umweg über die Misoherstellung, in grösseren Mengen zu gewinnen. 1643 entdeckte man, dass gerösteter Weizen dem Tamari ein vorzügliches Aroma verleiht. So entstand Shoyu, eine aus Soja und Weizen bestehende Allzwecksauce, wie sie heute noch verkauft wird. Der Prozess des Reifens beträgt 18 Monate. Nach dem Zweiten Weltkrieg, unter dem Einfluss der amerikanischen Besatzungsmacht, wurden in Japan moderne Methoden entwickelt, die vor allem den 18monatigen Reifungsprozess verkürzten. Als Folge davon ist in vielen der heute angebotenen Shoyumarken wenig von dem hohen gesundheitlichen Wert des ursprünglichen Tamari übriggeblieben. Es ist daher wichtig, beim Einkauf von Sojasauce auf die Zutaten zu achten. Echtes Shoyu enthält nur Soja, Weizen und Salz, echtes Tamari nur Soja und Salz. Manchmal ist noch das Ferment Koji deklariert. Wenn aber noch Zucker, Karamelfarbstoff, Glutamat usw. aufgeführt sind, handelt es sich um billige Nachahmungen.

Süssmittel

Birnendicksaft, Malz, Zuckerrübensirup, Vollrohrzucker (Sucanat, Indianerzucker und Panela), Honig, Ahorn-Sirup, Datteln, Dörrobst
Diese Alternativen machen den weissen Fabrikzucker, dessen schädliche Auswirkungen auf unsere Gesundheit erwiesen sind, in der Küche überflüssig. Die heute bei uns durchschnittlich gegessene Menge weissen Zuckers von über 100 g pro Kopf und Tag voll und ganz mit einem natürlichen Süssmittel zu ersetzen, wäre allerdings eine grosse Belastung für den Geldbeutel und wenig Gewinn für unsere Gesundheit. Auch hier gilt das gleiche wie für das Öl: Der höhere Preis, den wir für das natürliche Produkt bezahlen, wird durch sparsameren Gebrauch und höheren Nährwert wettgemacht. Honig sollte wenn möglich nur in Gerichten verwendet werden, welche nicht gekocht oder gebacken werden, da durch das Erhitzen viele seiner wertvollen Bestandteile verlorengehen.

Süssmittel in Sirupform wiegt oder misst man mit Vorteil in Behältern, in welchen man vorher Öl abgemessen hat. Der klebrige Sirup löst sich dann von selbst von den Gefässwänden.

Tahin und Sesambutter

Tahin oder Tahini ist eine Paste aus fein gemahlenen, geschälten Sesamsamen, die aus dem Mittleren Osten zu uns gekommen und in Reformhäusern und Bio-Läden erhältlich ist. Sesambutter wird im Gegensatz zu Tahin aus ganzen, ungeschälten Sesamsamen hergestellt und ist daher dunkler und im Geschmack herber. Oft enthält sie noch ein wenig Meersalz.

Ob Tahin oder Sesambutter, beide liefern unraffiniertes Fett von bester Qualität, Eiweiss, Vitamine und Mineralstoffe. Sesamsamen gehören zu den besten Kalziumträgern, die man kennt.

Tofu

Tofu ist ein Eiweissprodukt aus der Sojabohne, das anstelle von Fleisch, Eiern oder Milchprodukten verwendet werden kann. Das Geheimnis seiner Herstellung wurde vor über 2000 Jahren in China entdeckt. In Asien gehört er zu den wichtigsten Eiweissquellen in der täglichen Nahrung von über einer Milliarde Menschen.

Heute findet Tofu nun auch zunehmend Eingang in die westliche Küche. Als «Fleisch des Feldes» bietet Tofu hochwertiges Eiweiss auf rein pflanzlicher Grundlage. Er enthält wenig Fett; dieses besteht zu 80% aus mehrfach ungesättigten und essentiellen Fettsäuren. Tofu ist kalorienarm, leicht verdaulich und frei von Cholesterin. Wenn Tofu zusammen mit Vollgetreide gegessen wird, steigert sich die Eiweissverwertbarkeit beider Speisen. So können zum Beispiel 100 g Tofu und 1¼ Tassen Vollreis 50% des täglichen Eiweissbedarfs eines Mannes decken.

Tofu ist ein Frischprodukt und muss im unangebrochenen Vakuumbeutel oder noch besser in Wasser schwimmend im Kühlschrank aufbewahrt werden. Das Wasser muss täglich gewechselt werden. (Siehe auch: Verena Krieger, «Die Tofuküche», erhältlich im Buchhandel.)

Verzeichnis der Rezepte

Zum Weiterlesen

**Getreide und Mensch,
eine Lebensgemeinschaft,**
Prof. Dr. W. Kollath,
Helfer-Verlag E. Schwabe,
Bad Homburg v. d. H.

**Vollwert-Ernährung.
Grundlagen einer vernünftigen Ernährung,**
von Koerber/Männle/Leitzmann
Haug-Verlag, Heidelberg

Die Öko-Diät,
Frances Moore-Lappé, fischer alternativ
Nr. 4013

Warum sie so arm sind,
Rudolf H. Strahm, Peter Hammer Verlag,
Wuppertal

**Für wen die Saat aufgeht.
Pflanzenzucht im Dienste der Konzerne,**
Silvio Bertolami, Z-Verlag, Basel